平子祐希

# 今日も嫁を口説こうか



扶桑社文庫
0800

# はじめに

まずは皆様に謝らなければなりません。

今まで僕は嫁との仲の良さを、そしていかにお互いが好き同士なのかといったエピソードを各所でお話ししてきました。そうしたなか、

「そんな夫婦ありえねえだろ」

「五流芸人が売れるのに必死で創作しやがって」

といったご意見が寄せられることも少なくありませんでした。

結論から申し上げます。ご指摘の通り、事実とは異なる部分が多数ありました。今まで僕と妻とのエピソードを好意的に受け取ってくださっていた方はショックを受けられたかもしれません。捏造という意識は薄かったのですが、現在の風潮を考えると許されることではないと思い至り、ここに告白させていただきます。

実は、実際に公表しているよりも、もっと仲良しで、もっと好き同士なのです。さらにこの気持ちは日に日に膨らみ続けています。

しかし結婚14年目でここまで熱い恋愛感情で結ばれていることが、世間さまには奇異に映ってしまうのではないか。さすがに皆様に信じてもらえないのではないか。

そう危惧した僕は、皆様に受け取っていただきやすいであろうマイルドな話に変換し、お伝えしてしまったのです。さりとて、どんな理由があるにせよ、事実を歪曲していい免罪符にはなりません。

現在僕は42歳。妻は40歳になりました。知り合った日から16年が経ったうえで、ここまでの恋愛感情が存在するのは異常。自覚はあります。こうして成長し続ける愛の制御方法を失った僕たちは、それらをうまく世間に発信する術を知らず、その結果、捏造につながってしまったのです。

そんななか、今回こうして執筆の機会に恵まれました。この本では事実を矮小化することなく、僕たち夫婦がいかにしてそうした関係に至ったのか。また、夫婦を互いに一生の恋愛相手とするその考え方を余すところなく記載することをお約束し、謝罪に変えさせていただければと思います。

大変申し訳ございませんでした。

（２０２０年10月28日）

# 目次

# 1章

## ただのオスとメスの番《つがい》、それが俺たち

# 大嫌いなタイプの女の子

26歳のときに出会った、髪型も服装もしゃべり方も大嫌いなタイプの女の子。それが真由美だった。

当時の僕は、役者志望の友人二人と高円寺の古い一軒家でルームシェアをしていた。無駄に広い家で、共通の友人たちが集まって宅飲みをすることも多かった。その日もアパレルで働いている女友達が来ることになっており、待ち合わせ場所の西友の前に行くと、友達の群れの中にひとりだけ見知らぬ女の子がいた。それが、当時24歳の真由美との初対面だった。

友人に聞くと「家が近い同僚がいたから誘ったの」と言う。極端に前髪を切りそろえた奇抜なロングヘア。古着ミックスで、色もアイテムも整合性をとらないことが美学であるかのようなファッション。

「シンディ・ローパーのミュージックビデオじゃないか」

そう思ったのを今でも覚えている。

その子は人見知りの弁がぶっ壊れており、「ども〜マユミでえす」などと一瞬で距離を詰めてきた。軽薄で嫌いなタイプだ。「こいつも今日来るのか……」と少し嫌な気持ちになった。

僕はおだやかで清潔感のある女子が好きだ。わかりやすくいうと無印良品の店員さんがタイプだ。自分自身も「急に彼女の親御さんに会っても恥ずかしくない格好」をテーマにしており、いつも白シャツにチノパンのようなスタイルを心がけていた。

後々答え合わせをしたところ、真由美もシンディ・ローパーなだけあって、当時はとっぽい系の男子が好きだった。僕のことは「テニス部のおぼっちゃま部長みたいで嫌だ」と思っていたという。お互い真逆、正反対のタイプで、出会ったときには心の中で「こいつないわ」と毛嫌いし合っていた。

飲み会が始まっても僕は隅におとなしく座り、お互いほとんどしゃべることはなかった。そんな僕を見つけた真由美が急に横にきて「イエーイ」とツーショット写真を撮ってきた。ノリの悪い男子をからかったつもりだったのだろう。

「べつにお前としゃべることがないだけだ、あっちへ行ってくれ」と心から思った。むこうは笑顔、僕は迷惑そうにうつむいたまま。その後、iPhoneの容量が音を上げるくらい一緒に撮ることになる写真の最初の一枚は、そんな感じのちぐはぐなものだった。

## 私たち、もともとひとつだったんじゃない!?

そんな飲み会が2、3回あった後、真由美がウチにバングルを忘れていったという。もちろんその連絡は、僕ではなく同居人宛て。相変わらず僕らの距離はほとんど縮まっていなかったし、べつにお互い縮めるつもりもなかった。ただ、取りにこられるのが僕しか家にいない日であり「来たら渡してあげて」と同居人から頼まれたのだ。

真由美が忘れ物を取りにくる日。さすがに「ほれ」と、ただ渡して帰すのは僕の騎士道精神に反する。せっかくだからと徒歩1分のところにある、青梅街道沿いのジョナサンで食事をすることになった。

嫌いなタイプ同士なのになぜ?と不思議に思われるかもしれない。今思い返すと、お互いが感じていた「こいつ腹立つな」という感覚のベースには「地はいいのにもったいないな」という苛立ちがあったのだ。「元は悪くないんだから、どこかを少し変えれば素敵になりそうなのに」と。もしかすると密に話をしてみたらなにか印象が変わるかもしれないと思い、食事を試みたのだろうと思う。

しかし延々と〝今いちばんアガるテクノミュージック〞の話を聞かされ、ゲンナリした僕はそれを巧妙に無視するといった地獄の時間を過ごすことになる。結果的にはなんの盛り上がりもなく「やっぱこいつないわ」の気持ちを再確認し合っただけとなった。

間抜けなことに、僕は肝心のバングルを持ってくるのを忘れてしまった。それで小一時間の地獄を消費した後、再び一緒に家に戻ることになった。

誰もいない家に僕と真由美の二人きり。と、これはもう本当になぜそんなことになったのか、どちらからだったのかも覚えていないが、帰り際、戯れに軽いハグをした。

ねちっこくもない、セクシャルなにおいも特にない、恋愛感情など持ちようもない相手だからこそできる、友達同士のふざけたハグ。

しかしその瞬間、今までの誰とも感じたことのない感覚が全身を貫いた。お互いがお互いのために生まれてきたかのような、絶対的な一体感を感じたのだ。まるで全身にポリデントを塗りたくったかのように、無駄な隙間が一切なかった。

「あ、多分この子と離れられなくなるな」

予感というより確信だった。すると真由美がバッと体を離すと、驚いたような顔で僕に言った。

「私たち、もともとひとつだったんじゃない⁉」

僕が体感した感覚を、彼女も同じように感じていた。「しっくり」でも「心地いい」でもない。〝もともとひとつ〟。一体だったものを一度分けて戻しただけ。確かに、そうでも考えなければ説明がつかないほどの一体感だった。

クラッシュデニムと、袖口をセルフカットしたシカゴ・ブルズのTシャツ。相変わらずコーディネートは死ぬほど好みじゃなかったが、僕は無言で真由美を引き寄せると、もう一度ハグをした。

## あの子の絵の旦那さまが貴方だ

ヒットしなかった韓国ドラマのような、僕と真由美の運命の出会いを語らせてもらった。あの日、もし飲み会が開かれなければ、友人が真由美を誘わなければ、真由美がバングルを忘れなければ、ただそれだけのことで僕の人生は大きく異なるものになっていたに違いない。

しかしこうしたセンセーショナルな出会いだけが「運命の出会い」だとは思わない。すべてのカップル、すべての夫婦が超宇宙規模の確率のもとで出会いを果たしているのだ。

想像してみてほしい。見知らぬ地の、どこかの幼稚園。教室で園児たちが机を並べ、お絵かきに興じている。先生から出されたお題は「しょうらいのゆめ」。とある女の子が選んだのは、自身の結婚式の絵だ。美しいウエディングドレスを着た自分の横には、優しそうに微笑む旦那さまも添えて描かれている。

その絵の旦那さまが、今の貴方だ。

クレヨンでスモッグを汚すことも厭わず、まだ見ぬ誰かを想い一生懸命に描いた未来予想図。結婚とは、かつての幼い誰かの夢を、貴方が叶えることでもある。

妻を愛する理由なんて、本来これだけでも充分だ。別々の場所で生まれ育った、なんの接点もない二人。その中で意識すらしていなかった小さな一つ一つの事象が、実は互いの距離を近づけるための意味を帯びており、ついに出会い、愛し合う。天文学をも凌駕するその大いなる奇跡。その喜びを分かち合うのに、本来時間はいくらあっても足りないのだ。

「最近コミュニケーション取ってないなあ」などと鼻をほじりながら携帯ゲームに勤しむ時間などあるはずがない。さあ、すでにここまでで大いなる運命の中に自分たち夫婦があるんだと実感された方は、今すぐこの本を破り捨て、奥さんを抱きしめてほしい。

一方で「スピリチュアル感気持ち悪いよカス芸人」、そう思われた方は、どうかここからも読み進めてほしい。かつては僕も貴方と同じ考え方だったのだから。

夫婦というものは、最も身近で、最も美しい奇跡の形だ。しかしあまりにも身近だからこそ、人はその奇跡を見落としがちになる。悲しいくらいすぐ隣にありすぎるのだ。

# ケツの穴を見せ合える奇跡

しとしとと雨が降る静かな夜が好きだ。閉鎖的に僕らを包み、まるで世界に二人きりであるかのように思えるから。そんな夜、僕ら夫婦はよくベッドに寝転がって語り合う。

「私たち、なんで一緒になれたんだろうね」

これだけ想い合える相手と知り合えた事実に慣れることができず、その理由をどうにか理解しようといまだにもがいているのだ。

真由美はよく「前世で一緒になれなかったカップルだった」の説を推してくる。お互い強く想い合うも、運命に隔てられた二人が来世で一緒になることを誓い合っての今だという。

一方の僕は「前世で何千人、何万人単位で誰かの命を救い、徳を積みすぎた結果、今世が幸せ」説を唱えている。今世では特に徳は積めていない。となると僕は前世が相当な人格者で、その〝徳貯金〟で今が幸せなのだ。

こうして「運命に翻弄されてようやく出会えたんだ」と思いを巡らせていると、いつの間にか二人で涙ぐんでしまう。これが異様な光景であることは知っている。しかし、それだけ好きなので仕方がない。

ほんの数十年ズレて生まれただけで、人生は大きくすれ違う。なんならニワトリに生まれる可能性だってあったし、アリだったかもしれない。

SNSで俗にクソリプと言われる罵詈雑言が送られてくる。発信した人間がいて、受け取る僕がいる。そんな関わり方ですら、袖が振れ合った時点で奇跡的な縁だ。そうした観点で考えると、出会い、愛し合える確率など想像もつかない。

もしも貴方の周りに確率論に明るい人がいれば、計算してもらうといい。およそ700万年という気が遠くなるほどの人類の歴史。そこで二人が同じ時代に人間として生まれ、この広大な地球《ホシ》にこれだけ多くの男女がいるなかで出会い、愛し合い、ケツの穴まで見せ合える関係になれる確率を。おそらく億や兆で済むレベルではないはずだ。

その数字を見て、今目の前にある〝当たり前〟がどれほどの価値を持つものなのか気づけばいい。よく言われがちな「惰性で一緒にいる」「収まるところに収まっただけ」。そんな二人は、実はこの世に一組も存在しない。

職場恋愛だろうが合コンだろうがマッチングアプリだろうが、出会いはどれも等しく奇跡だ。何故自分たちは知り合えたのか、何故この二人だったのか。ほんの少し想像し、甘く語り合うだけで、見慣れたつもりになっていた妻や彼女のケツも、ガラリと色を変えるはずだ。

## この感情を表す適切な日本語が、まだない

僕らの出会いに話を戻そう。ハグの相性が抜群だったからといって、その場ですんなり「じゃあ付き合いますか」とはならなかった。自慢の彼氏・可愛い彼女といった感覚ではなく、「好みではないのに抗えない相手」というニュータイプに戸惑っていたのだ。

しかし本能が生み出す引力には逆らえず、真由美と僕は頻繁に会うようになっていた。とにかくひたすら、時間が許す限り一緒にいた。時間が許さなくても一緒にいた。仕事が終わればウチに来て、翌日もそのまま仕事に出かけ、またウチに帰ってきた。真由美は四六時中僕の左側にくっついていてなくてはいられなかったし、僕も同じように彼女と触れていたかった。肩が1センチ離れただけで「今日なんか怒ってる？」と不安に駆られるくらいに。

今の相方とコンビを組んだのは、結婚する直前だった。相方の酒井とは僕の家でよくネタ合わせをしたのだが、その間、真由美は僕の膝の上に座っていた。さすがに酒井は眉をひそめたが、そこが真由美の定位置であり、むしろ異分子なのは酒井側だ。のちに酒井は当時の様子を、「ロスでネタ合わせをしているようだった」と遠い目で回想している。

恋人になろうと思ってなったわけじゃない。たった一度のハグ。それだけで互いのにおいを嗅ぎ当てた。〝性格の不一致〟を感じつつも離れられない。人間の根底にあるオスとメスの部分が「こいつに決めた」と叫んだのだ。

今でもその感覚は変わらない。これが愛情というものなのかどうかすらも定かではない。


この感情を表す適切な日本語が、まだない。


人に説明するために、こうしていちばん近いであろう理屈のような言葉で取り繕ってはいるが。「もう離れられない」というこの感覚は、お互い年々右肩上がりに強くなり続けている。

このままいくと、数年後には内側から爆《は》ぜるんじゃないかと思っている。本望だ。どうせ爆ぜるならそのときはテレ朝で爆ぜてやりたい。

# 抱いてから口説き合った

信じられないかもしれないが、ハグの相性から始まる本能的な出会いをしたため、お互いの詳細な情報をほとんど知らないまま一緒に過ごしていた。むしろそのハグが、オスとメスとしてのこれ以上ない自己紹介だったとも言えるのだが。

あまり自分のことを語りたがらない僕は、芸人を目指していることすら伝えていなかった。真由美からすると僕が社会人なのかフリーターなのか、何をしている人間なのかはしばらく謎のままだったと思う。

僕も真由美がどこかのアパレルで働いているということと、ズンチャカした音楽が好きな女子というざっくりした情報以外は何も知らなかった。というよりも情報を必要としなかったのだ。

通常の恋愛ではまずお互いの趣味嗜好や人間性、育ってきた環境などを小出しに紹介し合い、自分の恋愛相手として妥当かどうかの鑑定タイムを設けるだろう。そうして徐々に距離感を縮めながら、恋の駆け引きが始まるはずだ。

しかし真由美とはそうした全ての段階をすっ飛ばし、まず無条件で「この女性とずっと一緒にいる」ことを確定させてしまっていた。

なので全ての順番が狂い、抱いてから互いに口説き合った。もうここからずっと離れられないであろうことを、どれだけ惚れ込んでいるかを、未経験の事態にどれほど戸惑っているのかを。

性格など後回しでいい。急に子猫を蹴り上げたりする女性なら困りものだが、そんなわけもあるまい。二人の間には驚くほどに駆け引きがなく、僕はそれがとても健全な関係だと感じていた。

これまでお付き合いしてきた女性とは、話題もファッションの好みも合った。二人で歩けばそれなりにお似合いのカップルでもあっただろう。「オスがメスが〜」などと粗野なことなど考えたこともなかったし、一緒にいて心地よかった。

でもそこが問題なのだ。見た目がタイプで話も合い、ファッションも好みで、それなりにお似合いで心地いいかどうか、そうした事柄を気にしながら相手を選び、条件次第の恋愛をしてきたのだと思う。

気になる子から好きなアーティストや映画を聞き出し、少しでも共通点があれば大袈裟にはしゃいでみせて、意気投合の場面を捏造した。服装を相手のニュアンスに合わせ、「クールな人が好き」との情報を得れば、慌てて声のトーンを一段下げた。そうした手法を取りつつも、これらがまるでカードゲームの駆け引きのようで、ずっと違和感を覚えていたのだ。

もちろんこれはこれで若く、可愛らしい恋愛なのだろう。実際にみんな僕にはもったいないほど綺麗で素敵な女性だったし。

しかしアプローチのために急遽取り繕った姿など、夫婦生活という生々しい局面に入ったときには脆《もろ》くも崩れ去ってしまう。だからみんな口を揃えてこう言うのだ。

「昔に比べて変わっちまった」と。

隣で寝息を立てる真由美を見つめながら僕は思った。今までの自分の恋愛は理屈ばかりが勝ってしまっていたのだな、と。いい方向で考えると、これまでの経験はロイター板のようなもので、真由美との出会いをよりインパクトあるものにするための布石だったのかもしれない。

僕自身そうした出会いを果たせたからこそ、みんなにも、僕にとっての真由美のような存在と巡り合ってほしい。そして取り繕うのをやめて真っすぐに見つめてこう伝えるんだ。

「何か知らねえけどさ、抱きてえんだ」

# 言葉はダサけりゃダサいほどいい

その後もしばらく「付き合う」といった口約束はしなかった。自然と一緒になれたのだからと、僕自身特に必要だとも思わなかった。しかし後々聞くと、やはり真由美は「彼氏／彼女」という明確な言葉が欲しかったらしい。

これに関して僕はいまだに後悔している。なまじっか本能でつながった分、言葉に出さずとも気持ちは伝わっているだろうと青臭く考えてしまっていた。

「言葉にしなくても伝わるのが愛情」――こんなセリフは腰の重い男の怠惰だ。そもそも視線や態度で全てが伝わるのであれば、この世界に言葉は生まれていない。

そのときの反省というわけでもないが、今ではきちんと言葉を用いて気持ちを伝えるように心がけている。

「大好きだよ」

「いっぱい可愛いよ」

「綺麗だね」

奇をてらう必要はない。シンプルなこれら三種類の言葉があればいい。「待て平子、俺も普段から言ってるぞ」と豪語する男性の9割は、ベッドの中限定の発言だろう。悪いがあの場はノーカウントだ。

個人的には達観した感のある「愛してる」よりも、「恋」のニュアンスを多分に含んだ「大好きだよ」を推薦したい。「可愛い」の前に「いっぱい」がついているのもポイントだ。言葉の響きが少し幼くてイモっぽくなる分、相手の心への浸透率が上がるのだ。見てくれのいい言い回しでは、自分への加点を目論む狙いが滲み出る。

言葉はダサければダサいほど「ただ伝えたい」という純な気持ちが浮き彫りになるのだ。

こんな言葉は照れ臭くて言えないという方も多いだろう。逆だ。照れ臭いからこそ言葉に出すべきなのだ。この場合の照れは、その思いに本質的な愛情が込められているからこそ生まれる感情だ。照れずに言える言葉になど色気は伴わない。

凝ったサプライズ演出に精を出すよりも、しっかり目を見て伝える「大好きだよ」の破壊力を試してほしい。長年連れ添った夫婦の場合、「何バカ言ってんのよ」とそっぽを向かれるだろう。そうなったらこっちのものだ。後ろからそっと耳に触れ、「なんで赤くなったの？」とカウンターを入れる。ここから先は貴方のギターソロだ、好きにかき鳴らせばいい。

応用編として禁断の合わせ技もアリだろう。いたずらっ子のように両手で相手の頬を優しく挟みながら、一拍置いて「いっぱい大好きだよ」と急に真顔になって伝える。こちらは相手の体調を考えながら実践してほしい。〝キュン〟が急にきて、最悪死ぬ危険性もある。

最後の「綺麗だね」は、どれだけ高級な化粧品もかなわない魔法のコスメだ。貴方が一生添い遂げようと決めた女性だ、綺麗じゃないわけがない。その綺麗にさらなる拍車をかけるのだ。

女性の〝美〟の進化は天井を知らない。デビューしたての頃はパッとしなかった新人女優が、あれよあれよという間にアカ抜けていくさまを見たことがあるだろう。あの現象と同じで「誰かに好意を持って見られている」という意識は、自分自身で分泌できるスーパーオーガニックな化粧水なのだ。

最上の美容部員は自宅にいる。施術も商品も全てが無料。思いを込めて、ただ言葉を用いるだけ。もし妻の美が成長を止めたと思うのであれば、それは全て専属美容部員である貴方の責任にほかならない。

## ケンカは好みの異性のカタログの見せ合い

毎日のように一緒に過ごして3カ月もすると、僕たちの関係性にちょっとした変化が起き始めた。ケンカができるようになったのだ。これほど仲良し話ばかりをしていると意外に思われるのだが、僕ら夫婦は結婚前からケンカの頻度は少なくない。売り言葉に買い言葉。こちらが派手すぎる服装にチクリと嫌みを言えば、そっちは地味すぎてつまらないと詰められる。あまりにも対極すぎるお互いの趣味嗜好に少しずつ口を出すようになった。

ケンカが〝できるようになった〟と表現したのは、そもそもケンカそのものは捉え方によってはとてもポジティブな行為だからだ。そうした言い争いのほとんどは「もっとこうあってほしい」「そこが直ればもっと素敵なのに」という、カップル間で好みの異性のカタログの見せ合いをしているようなものなのだ。

夫婦のケンカとは、これからも一緒にいることを大前提とした、互いの価値観のバランスをうかがい合う打ち合わせでもある。一緒にいる気のない相手とはケンカをする必要すらないのだから。

そうした中で感情のコントロールを失ってしまったただの罵り合いが、ネガティブな〝喧嘩〟となる。建設的な話し合いが果たされず、ただただ相手を傷つけることが目的になってしまう。「喧嘩が多くて悩んでいる」という方の大半が、こちらのパターンに当てはまるのではないだろうか。

どうしても激しい剣幕で罵り合ってしまうという方は、「意見を伝える際は必ず相手の手を握りながら」というルールを夫婦間で義務付ければいい。人の体温や呼吸を感じながらも、「こいつをコテンパンにやり込めてやろう」と考えるのはとても難しいことだ。

手を握りながら、声のトーンを二段階ほど上げて「ここをこうしてくれたら、さらに好きになっちゃうのにな」と語り合う。たったこれだけで喧嘩どころか、犬も逃げ出すただのイチャつきタイムに早変わりする。

僕ら夫婦もどちらかに偏ることなく、互いの意見の間を取り合うことで、さらに惚れ合いの度を強くしてきた。着慣れたチノパンを脱ぎ捨て、好みではなかったダメージジーンズを言われるがままにはいてみた。意外と悪くなかったし、真由美も喜んでくれた。現在の僕からほとばしる西海岸の雰囲気は、この頃のケンカから生まれたものである。

# イタリアの鳥となれ

こうして僕らは服装や髪型など、可能な範囲内で相手の意見を汲み始めた。ブルックスブラザーズのボタンダウンが日常着だった僕のワードローブはガラリと変わり、クローゼットにはピンク色のTシャツや柄物のシャツが並び始めた。

慣れぬ服で世捨て人のようなコーディネートになる日もあったが、自分のポリシーよりも真由美の喜ぶ顔を優先したかった。唯一、乳首が透けるメッシュの迷彩カットソーを買ってこられたときだけは頭を下げて返品してもらったが。

もちろん僕の要求も呑んでもらった。当時神宮前にあったドレステリアでシンプルな白シャツを試してもらった。想像通り、身長が高く白い肌の真由美に本当によく似合った。

「こんなシャツに合う服なんて持ってないよ」と言いつつも、僕にベタ褒めされたその日はずっとニコニコ上機嫌だった。

そんなふうに、互いに身に着けてほしいものをすすめ合う買い物のスタイルはいまだに続いているし、僕ら夫婦にとっては楽しく大切な習慣になっている。本能でつながったとはいえ、外見をおろそかにしてはいけない。本能でつながっているからこそ、互いのタイプの押し付け合いを遊びとして満喫できている。

こうした話をすると「結局外見か」「内面を見ていない」などの声が届く。が、恋愛において「見た目」は重要な要素だ。南国の鳥ですら華やかな外見や踊りでもって異性を惹きつける。人間が身綺麗にして何が悪い。

「ありのままの自分を好きになってほしい」。そんな理想を持つのもいいが、その言葉の耳触りの良さを盾に、ただの柔軟性に乏しい人間になってしまってはいけない。

ここで大切なのはその対象だ。旦那がどれだけ身なりを整えたとしても、それが安キャバクラの楓ちゃんに向けられたものではあまりに下品だ。とにかく圧倒的に妻に向けて着飾るのだ。

妻が結婚式やクラス会に出向く際、普段とは別人のような着飾った姿で現れ、目を見張ったことがあるだろう。あの突然訪れる華やぎを、たまには妻にもお返ししよう。

クタクタになったポロシャツとスラックスなどもういらない。〝着やすさ重視〟など甘えだ。オーバーサイズ？　ストリート？　全部燃やせ。では何を着るか。

イタリアだよ。

仕立てのいいイタリア製のシャツに、ピシッと縦筋の効いたホワイトパンツをタイトにはきこなせ。よく磨かれた革靴をカツッと小粋に踏み鳴らし、2本の指を立てて「よう」と突然現れろ。笑われてもやめるな、そんなものは旦那の素晴らしい変化を目の当たりにした妻の照れだ、伊達男を気取り通せ。そして久々に腕を組み、休日のショッピングモールのど真ん中を歩くのだ。

この世で真の勝ち組は、政治家でも資産家でもない。素敵に着飾り、休日のショッピングモールを仲睦まじく歩ける夫婦だ。

「イオンもららぽーとも、俺がシチリアに変えてやる」

こうした気概が、日本の男性には足りていない。色鮮やかなイタリアの鳥となり、番いとなって二羽で踊れ。

## 伊勢丹のブーメラン

僕と真由美の本能の絆は何よりも強い。しかし互いの〝感性・感覚〟の面では本当に趣味が合わず、そうした部分ではいまだにぶつかり合いが起こる。

身長がスラリと高く、肌が美しい。素材そのものが優れている真由美は、僕にとってA5ランクの高級な国産和牛だ。しかし当の本人はそうした魅力に気づいておらず、過美なメイクや服装でもって、素材をぶち壊す。

僕はその素材を誰よりも近くで見続けてきた専門のシェフだ。塩だけで食べられる高級食材に、ケチャップやマヨネーズがぶっかけられるさまを黙って見ているわけにはいかない。

僕らは互いにイエスマンではないので、例えばその日の服装が似合わないときにはきちんと「似合わない」「好きじゃない」と言い合う。そうでないと褒めるときの言葉に信憑性がなくなってしまう。そう考えると、僕らは過剰に仲良しではあるがバカップルではない。

しかしここで大切なのが言葉だ。「趣味が悪い」「着こなせていない」といった類いの言葉ではなく、「真由美がもったいない」と伝える。これはテクニックでもなんでもなく、ただの本音だ。

キャップを被り、大きなイヤリングをぶら下げ、柄物のトップスに変に太いパンツにスニーカーにブランドのバッグ。

いろいろ多い。4番バッターばかりを集めても、結局は勝てなかった、かつての巨人打線だ。一般的に見ればまあ普通によくあるコーディネートだが、服に目が散り、僕の大好きな真由美が死んでいる。

これは持論だが、真由美はジェームス・ディーンだ。白い無地のTシャツにデニム。これだけで充分に映える特級の素材だ。僕の反抗には大いに理由がある。

メイクだってそうだ。スッピン美人は余計な塗りたくりなどいらない。真由美は目が強いので、濃いめの化粧を施すとバーレスクのようになる。バーレスク自体は別にいいのだが、マルエッツにホッケを買いにいくのにバーレスクになる必要はないだろう。レモン汁で風味を加える程度のメイクでも通用するのだから。

僕が無印良品の店員さんを好きな理由もここにある。素顔を生かした品のあるメイク。全商品で最も強い柄が、優しめなボーダーという奥ゆかしさ。主役である人間の魅力を最大限まで引き出し、際立たせる名脇役ぶりは、アパレル界の笠智衆《りゅうちしゅう》。そこへきてグリーンカレーも旨いとくれば穴が見当たらない。

と、ここまでだと僕の好みの押し付けだけが浮き彫りになるだろう。しかし真由美も負けてはいない。僕が熱弁した〝シンプル〟を言質に取って武器に変え、伊勢丹狭しと駆け回るのだ。

「このバッグ、シンプルだよね」
「こういうシンプルなコートなら祐くんも好きだよね」
「シンプルなブーツ発見」
「このイヤリングめっちゃシンプル」
「シンプルなメイク試すね」

僕に会いたければ、週末の伊勢丹新宿の1階に来るといい。コスメフロアの端っこで、所在なさげに立ち尽くす中年が僕だ。ショッピングカート置き場の横で、シンプルメイクのお試しをする真由美を、40分ほど待つのがルーティンになっている。

僕が投げかけたはずの〝シンプル〟が鋭利なブーメランへと形を変え、僕の額と、翌月の引き落とし口座に深く深く突き刺さる。

## 高円寺で番いを目撃せよ

今の時代において「オス」だの「メス」だのという言い回しは、少々乱暴に聞こえるだろう。こうしたニュアンスは、人間が文化的な生活を営み始めた時点より、ある種の嫌悪感とともに避けられてきた表現だ。

しかし、だからこそ真理でもある。文化的な生活、ひいては現代社会というものは、真理にこそ蓋をする風潮にあるのだから。

我々は毛を切りそろえ、服をまとって、懸命にサルから遠ざかってみせる。僕だってそうだ、なんならパーマまでかけた。だが、どれだけ薄布で覆い隠そうとも、根底には本能が隠されていて、人間が動物である限りそれらは絶対的な下地でもあるのだ。

繰り返すが、取り繕われた外面や文化的要素を否定はしない。しかしその結果として本能的な視点を失ってしまっては、制度としての「夫婦」にはなれたとしても「番い」にはなれまい。

カルチュアに呑み込まれ、ギラついた眼光を失うな。カルチュアを利用せよ、圧倒的な野性を仕立てのいいジャケットで覆い隠し、オスを求め、メスを探せ。

高円寺で猛禽類の番いを見たならば、それが我々夫婦だ。君たちに落胆したくはない。同じ目をしていてくれ。

# 2章

# 結婚についてまわる全責任よ　俺んとこ、こないか

# 結婚とは
# 両家ごと結びつくことだ

芸人をしているくらいなので「売れたらアイドルや女優さんと結婚できるかも」といったモチベーションも、もちろんゼロではなかった。しかし真由美との最初のハグでそんな思いは消え去り、「これ以上の人はもう現れない」と悟った。

その気持ちは今も変わらない。たとえ美しい女優さんに言い寄られるようなことがあったとしても、中目黒で飲んで、飼ってるチワワをチラッと見にいくだけだ。グラビアの子と仲良くなったって、三宿でご飯を食べて、苦手だというテレビ裏の配線を直してあげたらすぐに帰る。誰も真由美から僕を奪うことはできない。

一緒にいるようになって半年もしないうちに、真由美からは「結婚」という言葉が出るようになった。僕も一生連れ添う相手は真由美以外に考えられなかったが、今すぐに、となると二の足を踏んだ。

当時は芸人としての仕事はゼロ。大田区のフィルター清掃工場のアルバイトで日銭を稼ぎ、ノルマの金額を納めてライブに出ていた。打ち上げ代の2000円も、ため息をつきながら支払うような状況。そんな男が「娘さんをください」などと頭を下げても、そのまま踏みつけられて終わりだ。

考え方として少々古いかもしれないが、僕にとっての結婚とは両家ごと結びつくことだ。娘が生まれ、大切に育てていくなかで「将来は素敵な人と結婚して幸せになれますように」と家族が願っている。当人同士だけでなく、そうした想いにも責任を持たなくてはいけない。

この段階では、とてもじゃないがその責任を果たせなかった。

芸人という職業はどこまでいっても安定などとは無縁だが、せめて同世代の社会人と同じくらいの収入が得られるまで結婚は無理だと説明した。それに本音の部分では、こうも性格が合わぬ二人が夫婦になって本当に大丈夫だろうかとの不安も多少はあった。

真由美のことはたまらなく好きだったし、本能的につながっていたからこそ、夫婦という社会性を帯びたときに、それが崩れるのではないかと恐れた。結果的にそこから2年近く、僕は真由美を待たせることになる。

## 全人生をベットすることでもある

相変わらず光明の見えない日々を過ごすなか、真由美との結婚を真剣に考えるきっかけとなる出来事が起きた。

12月の僕の誕生日付近で「お祝いだからご馳走するね」と真由美から言われ、高円寺駅北口にあるイタリアンで食事をした。なんの変哲もないパスタのセットだったが、一文無しの僕には贅沢なものだった。真由美はやはりそこでも結婚の話を出してきたのだが、いつものように「仕事がまだ全然だから……」と濁し、イクラのスパゲッティを大袈裟にすすった。

そんなとき、真由美はいつも「それでもいいのになぁ」と唇を尖らせてみせる。

しかしこうしたプレッシャーは、僕にとって身震いするほど嬉しいものだった。引く手あまたの美しい女性が、これほどまでに僕と一緒になりたいと望んでくれている。

これは自分にとって大きな自信になったし、あらゆる原動力になった。ただ、だからこそこんな状況でこの子を迎えるわけにはいかない。

食後の紅茶を飲み、さてお会計を、となったそのとき、ふと真由美がテーブルの下に手を伸ばし、僕の膝をつついてきた。そして何かを僕の手に握らせ、「これで支払いお願いします」とつぶやく。見ると、小さく折り畳まれた一万円札だった。支払い時に僕が男性として立場を失わぬための、驚くほどに細やかな気配りだった。もちろん今までこんなことをされた経験はなかったし、ほかで聞いたこともない。

チャラついた服装に、やけに甘ったるいしゃべり方。軽々しすぎるモノの考え方に辟易することも頻繁にあった。だからこそ余計にこの所作がカウンターで入り、脳を揺らされた。同時に、「こんなふうに自分を思いやってくれる子を無期限で待たせているのか」と情けなくなった。

折りジワのついた一万円札で支払いを済ませて店を出た。

帰り道の商店街は、すっかりクリスマス模様に彩られている。僕は真由美の手を取り、コートのポケットに入れると「なるべく早く一緒になれるように頑張るから」と誓った。

僕の中で結婚への、それに伴う仕事への取り組み方のギアが三段上がった。

「彼女が結婚の話ばかりしてきて重い」

そんな男性の声をよく耳にする。結婚観は人それぞれだから、全員の価値観が一律である必要はない。しかし女性の「一生を共に過ごしたい」という想いをないがしろにする己の所業は大いに恥じるべきだ。語弊があるかもしれないが、結婚とは大きな賭けでもある。全財産どころの話じゃない、今後の全人生を貴方にベットするというのだ。

国内で約6000万人、世界で見ると約40億人の男性がいる。地球上にこれだけの人間がいるなかで貴方を選び、人生を賭けたいと望んでいる。受けるにせよ断るにせよ、その女性の気持ちには最大限の敬意と感謝をもって応えるべきだ。これはのらりくらりと踏ん切りをつけなかった、過去の自分への私信でもあるのだが。

## 俺はお前の想像よりも、少し斜め上のことをお前にする

具体的な結婚への思いが一つになると、真由美の行動は早かった。まず自分の両親に将来を考えている彼氏がいることを明かした。もちろん「駆け出しの芸人」だという現状も添えて。僕はその場にはいなかったが、パパの怒号に驚いた室内犬が1メートル吹っ飛んだという。

福島県の僕の実家にも連れていくようせがまれた。真由美は、駅まで迎えにきてくれた俺の両親に、開口一番「わたし祐希くんが大好きなので奥さんになります」

いだろう。

と言い放った。東北の港町に住むおじさん、おばさんの困惑した顔は想像に難くな

後日俺は、真由美のパパに「二人で話そう」と呼び出しを食らった。

指定されたのは品川駅近くの高級鉄板焼き店の個室。入り口に、全身黒の装いにサングラスをかけたおじさんが立っており、「ああいう怖そうな人が来る店なのか。高そうだな」と思った。それが真由美のパパだった。

パパは国産牛をつまみながら、声を荒らげることなく、淡々と「男の責任」について語った。大声をあげられるよりも恐ろしいトーンだった。当然だ、可愛い可愛い長女が、無名芸人との結婚を考えていると言い始めたのだから。

娘がいる今の僕なら痛いほどよくわかる。芸人など連れてこようものなら、そのへんの石で雑にぶん殴る。芸人とバンドマンとテレビマンはぶん殴る。テレビマンはまあ生活力があっていい人もいるが、ついでだからぶん殴る。

2時間ほどの味がしない会食の終わり際、パパに言われた締め括りの言葉を僕は生涯忘れないだろう。

「いいか。もしも真由美が不幸になるようなことがあれば、俺はお前の想像よりも、少し斜め上のことをお前にする」

聞いたことのないタイプの脅しだ。具体性のない恐怖に背中が凍りついた。目の前で料理を担当してくれたシェフが「大変そうすね」みたいな顔で、小さくうなずくだけの僕を見ていた。

程なくして、自分の父親からも呼び出しを受けた。「電話でする話じゃない」と言われ、もう一度高速バスで地元に帰った。駅前の喫茶店で受けた講習のテーマは、やはり男の責任について。

「大切な娘さんを預かる者としての義務を、今のお前は果たしていない」

普段はタヌキがひっくり返ったような父なのだが、このときばかりは剣幕が違った。いつもの口喧嘩だったら「うるせえタヌキ」と反論するところなのだが、タヌキの圧倒的な正論を前に、僕はこうべを垂れるだけだった。

実はこのとき、帰りのバス代すら持ち合わせがなかったのだが、話のテーマ上、とても言い出せる雰囲気ではない。父がトイレに立った隙を見て、財布から5000円を頂戴した。慌ててポケットにねじ込みながら「俺はこんな状況で結婚しようとしているのか」と、思わずゾッとしたのを憶えている。

このときに双方の親から得た結婚観は、とても強く僕に根付いている。結婚とは一対一の話ではない。その陰には幸せな結婚を願う人たちがたくさんいて、そしてそれを請け負うと名乗り出たからには、思った以上に大きな責任が伴うことを学んだ。

「大人は理解してくれない」と若い二人だけで盛り上がるのは簡単だろう。しかし、そうした愛ゆえの厳しさに応えられもしない者が、その後の長い波乱続きの結婚生活を乗り切れるとは思えない。

彼女のパパの理想よりも、「少し斜め上で幸せにしてやる」くらいの気骨が必要なのだ。

# 幻の縁談男よ、お前の年収など秒で超えてやる

仕事に対してギアを三段上げた僕だったが、凡人が奮闘したところで得られる成果はたかが知れていた。ネタの起承転結を明確にし、オチに伏線回収の要素を加えてみた。が、起きた変化といえば、ノルマ制だったライブが出演オファーのライブに変わり、2000円ほどのギャラが貰えるようになった程度だった。

僕らにしてみれば立派な進歩ではあるが、「家族を養う」という大海に船をこぎ出すにはあまりにも小さな笹舟だ。

ちょうどこの頃、真由美に縁談の話が舞い込んだ。相手は誰でも知っている大企業の前途有望なサラリーマン。年齢も真由美の2つ上で、僕と同い年だという。真由美はヘラヘラしながら、「もちろんそんなの断ったよ〜、だって祐くんがいるもん」と笑った。しかし僕は、本当に一瞬でも真由美の心が揺らがなかったのかと心

配になった。当時、アルバイトで得ていた年収は150万円ほど。エリートサラリーマンとは比べるべくもないだろう。

年収で結婚相手を選ぶ女性を非難する人間は多いが、僕の意見は反対だ。生活力に優れた男性とは、動物でいうところの狩りのうまいオスだ。大量の獲物をくわえて帰る勇壮なオスに、女性が本能的に惹かれてもなんらおかしいことはない。相変わらず僕にくっついて離れない真由美を見ながらも、僕は不安でいっぱいだった。

そんななか、朗報が舞い込んだ。初のテレビ収録が決まったのだ。NHKの『爆笑オンエアバトル』。言わずもがな若手の登竜門的なネタ番組で、ここに出るためにネタを磨いてきたと言っても過言ではない。

緊張とともに、当日を迎えた。ネタはライブで何度も手直しを繰り返してきた、自信作の寿司屋のコントだ。ここで見事に勝利して、芸人として世に出てやる。545キロバトルの満点を手土産に、結婚の許しを得るんだ。

見ていろエリートサラリーマン、お前の年収など秒で超えるからな。

――そんな空ぶかしが過ぎたのかどうか、同情票程度のボールがNHKホールに侘しく転がり、281キロバトルでオフエアとなった。

僕はまた、エリートにコンプレックスを抱く、しがないフリーターに戻った。

## 一生の責任を負うという感覚は、ナルシシズムの極致だ

結婚を目標にしつつも、まだまだ道のりは遠かった。芸人という、浮世離れした商売で食っていく難しさを痛感していた。

「私は絶対に祐くんと結婚する」

相変わらず真由美はそう言い続けているが、このままではいずれ限界がくるだろう。僕はそれだけ貧乏だった。真由美の家族にはもちろん、自分の両親にも顔向けできない日々が続いた。

ところがそんななか、僕の知らないところで真由美の根回しは続いていたのだ。

後々知ることになるが、僕の生活力の不安を口にしたパパに、真由美が食ってかかったのだという。

「お金なんて、そのときあるほうが出せばいいじゃん。祐くんは絶対に大丈夫なんだから」と。

そして、いつの間に番号を聞いたのか、ウチの両親とも電話で連絡を取り合っていた。「本当に本当に大丈夫だから結婚させてください」と。

正直これだったら、貧乏を罵られたほうが楽だった。20代も後半に差しかかった男が、全ての面で支えられていた。

「もう誰も許してくれないからさ、せめて一緒に暮らしたい」。そんなことをキイキイ言い始めた頃、全員が真由美に根負けして、「中途半端に同棲するくらいなら、もう籍を入れろ」と許可を引き出したのだ。

急な展開に困惑する僕をよそに、真由美の喜びようといったらなかった。勝訴のテンションで僕の部屋に駆け込んでくると、「結婚していいって、許してくれた！ねえねえ、入籍するならいつがいいかな？」と単独で走りだし、プロポーズの暇《いとま》も与えてくれなかった。結局二人が初めて出会った日を友人づてに調べてもらい、その日を入籍日と決めた。

あれほどまでに「ないもの同士」だった僕たちが、出会ってちょうど2年後の9月5日、夫婦になった。

中野区役所に婚姻届を提出し、外に出ると急な大雨が降り出した。玄関口で雨宿りをしていると、真由美が「ワタシ平子になっちゃった～」と腕に絡みついてきた。その顔が笑っているようにも泣いているようにも見えて、なんだかとても綺麗だった。

僕は急におかしな感慨に包まれた。芸人として一本立ちする決意がより固くなると思っていたが、もうそこへのこだわりは消えていた。とにかくこの子を幸せにしたい。それが芸人で成されるのならよりいいが、サラリーマンでも現場作業でもなんでもいい、とにかく真由美と楽しい結婚生活が送れるのであればそれでいい。

「結婚」という枠の中に身を置き、大切な人を支えたいと願うときの重圧が、こんなにも心地いいものなのかと浸っていた。

「責任を持つのが面倒だ」「今や男が一生家族を背負うなんて時代じゃない」、そう考える人もいるだろう。

いらないのであれば、その重圧を分けてほしい。自分が家族を引っ張る、一生責任を負うという感覚は、何よりのロマンチシズムであり、同時にナルシシズムの極致だと思う。それらが「重荷」であるはずがない、ただの〝美酒〟だ。一国一城の主となり、愛し合うがゆえの枷《かせ》を負う。どんなものよりもいちばん酔える極上の酒だ。それらを飲まずに捨ててしまっては、バッカスから天罰が下る。

## 真由美のためなら後ろ髪引かれずに芸人を辞められた

重圧が心地よくとも、状況はすぐには変わらない。僕は結婚後も相変わらずバイト生活のダメ男だった。

ライブ出演やたまに出るネタ番組のギャラだけでは、とてもじゃないが食べられない。芸人がいちばん貧乏な時期は、少しテレビに出始めたときだ。急なオーディションや収録が入るため、アルバイトを突然休ませてもらうことになる。そんな状況が長く続き、その期間、僕はアルバイトを8回ほど連続でクビになった。しかし僕には家族がいる、働かないわけにはいかない。

その都度新たに面接を受けた。倉庫作業、左官、工事現場、保険会社の資料整理、荷物の仕分け、さまざまなアルバイトを渡り歩いた。高校生に交ざって研修を受け、10歳も年下の社員にネチネチ嫌みを言われた。

真由美は「少しでもお金を浮かせるように」と、毎朝早起きして弁当を作ってくれた。手持ちの現金は交通費に回すとゼロになり、バイト先で支給された謎のメーカーの小さなお茶を、ちびりちびりと一日かけて飲んだ。

そんな生活が続いても真由美はグチひとつこぼさず、たまにネタ番組に受かったときは「すごいすごい」と跳び上がって喜んでくれた。その明るくて献身的な姿に何も思わないほど僕は鈍感じゃない。

駅広告の付け替え作業のバイト先でクビを告げられたその日の夜、僕は真由美に「もう芸人辞めて就職するわ」と告げた。

僕は嬉しかった。ここまで下積みを続けてきた芸人という夢を、なんの後ろ髪を引かれることなくサラッと辞められるほどの女性に出会えたのだ。少し待たせてしまったが、この子への責任感が自分の夢を上回った。その事実が純粋に自分を高揚させていた。

ところが、だ。真由美は一瞬キョトンとしたかと思うと、ニヤッと意味ありげに笑った。不意に立ち上がると、口でドラムロールを奏でながら戸棚を漁っている。大げさな「ジャン！」のタイミングで僕に何かを手渡してきた。青い通帳だった。開かれたページには、少なくない金額が印字されている。

「私ね、なんでか分からないけど祐希は大丈夫な気がするんだよねえ。とりあえず私の貯金があるからさぁ〜、だから祐希は今のお仕事続けてよ」

涼しい顔で、軽々しい口調で告げてきた。度重ねたケンカで「もう大人なんだから、そういう口調でしゃべらないで」と約束していた。しかしこのときは、僕がこの話を重く受け取ってしまわないよう、わざと事もなげに提案してくれたのだ。

でもさすがにそれは呑めなかった。もう自分の夢よりも、真由美が優先になっていたし、双方の家族と交わした「責任を負う」という約束もいい加減果たしたかった。

お互い少しずつ躍起になり、「辞める」と「続けて」のラリーを何度か繰り返した。するど真由美が急に顔を歪ませ、「お願いだから支えさせてください」と頭を下げてきた。

「祐くんの夢が叶うことが、私の夢なんです。だからお願いします」と、鼻水を垂らしてボロボロと泣きはじめた。感情がグシャグシャになった僕は、真っ赤になった目を隠しながら、かすれる声で「……ありがとう」と答えるのが限界だった。

——結論から申し上げると、このお金も1年半後にはすっからかんになった。僕は相変わらずバイトを転々とし、最低限の生活費もろくに渡せなかったからだ。もしも情感が豊かで、「ちょっとじんわりきた」という方は、今すぐに涙腺をお閉めいただきたい。芸人の下積みなど、文字通り泥水をすする話でしかないのだから。

## 生涯で一度だけホルモンにあらがうときがある

結婚して4年後、僕ら夫婦に待望の子供が生まれた。下積み中の分際ではあるが、数年間にわたる不妊治療の末に、ようやく授かった長男だった。僕も真由美も子供が好きで、さらにはここまで愛し合っている人との間にできた子供である。本当に、本当に可愛くてしょうがなかった。

しかしその出産直後、夫婦に大きな危機が訪れた。母子がそろって退院し、ようやく家に戻ったその日のことだ。

戸惑うような表情を浮かべた真由美が、僕にこんなことを告げてきた。

「祐くん、なんか私、今までと同じ目線で祐くんのこと見れないかも。全部がママになっちゃった」と。

子供を産んだ女性は、ホルモンバランスの変化で子育てモードに変わる。もちろんその理屈は分かる。今までがあまりにも100％のベクトルで僕と向かい合っていたものだから、真由美もこの大きな変化を敏感に察知したのだろう。

平静を装いながらも、僕は内心大きなショックを受けていた。「これが噂に聞くアレか」と。出産を機に、夫婦間が完全に〝パパ〟と〝ママ〟に分断され、恋愛対象から家族へと変化してしまう。話としては聞いたことはあるが、さすがに、「はい、そうですか」と受け入れるわけにはいかない。

しかし敵は真由美ではなくホルモンだ、理屈でやりあえる相手ではない。下手に追いかけると逃げ出されるであろうことは、古内東子さんの歌から学んでいる。そこで僕は賭けに出た。真由美の提案を静かに受け入れたのだ。

「そうか。それじゃあ仕方がない。じゃあ俺もここからは割り切ってパパになるね」

そう言い残して部屋を出た。

すると声で追いかけるように真由美が叫んだ。「ごめん！　やっぱりそんなの嫌だ！」と。

僕が……いや、僕ら夫婦の恋愛感情が、ホルモンに打ち勝った瞬間だった。

状況に応じた体の変化や体調の具合に逆らおうとは思わない。しかし子供が生まれた今、パパとママが強い恋愛愛情で結ばれていることを示すのは、子供にとって何物にも勝る教育だ。同時にそれは子供を持つ親としての、最低限の義務でもある。

出産直後に夫を男として見るのがキツくなってしまうという、この恐るべきモードだろう。これが一過性のものであり、しばらくすれば以前の感情に戻れるケースもあるだろう。しかし、ここで1ミリ離れたものが数年後には10メートル、その先はさらに……と、取り返しのつかない距離になってしまう例も多いのだ。そうなる前に一日でも早い修正をおすすめしたい。

子供が真に必要とするものは、お菓子でもオモチャでもない、仲のいい両親だ。その二人の寄り添う姿が、その子の将来の結婚観と夫婦像、ひいては人間性にまで大きな影響を与えるだろう。もう関係性が冷め切ってしまったという夫婦も、どうか子供のためにだけでも仲睦まじい姿を見せてあげてほしい。最初は演技だってかまわない。外側から入ることによって内側、つまり感情が後追いしてくることだって大いにありうるのだから。

「パパは誰よりもママが好きで、ママも誰よりもパパが好き。自分はそんな二人の間に生まれ、やはり強く愛されている」。それは学校でも塾でも教えてくれない、しかし最も大切な学びだ。

『らいおんハート』の歌詞を地でいく僕は、長男と、その後に生まれた長女にこう伝えた。

「二人のことは2番目で、パパがいちばん大好きなのはママなんだよ」と。

二人は見たことのない表情を浮かべ「えぇ……子供なのに？」と普通にショックを受けていた。想定と違った。まあ、いずれわかればいい。

## 愛を継続していくには金がなさすぎたんだ

息子が生まれたにもかかわらず、僕はまだアルバイト生活から抜け出せずにいた。

少しずつネタ番組での露出が増えてはきたものの、若手のギャラなど交通費に毛が生えたようなものだった。

「芸能で飯が食えるのなんて、ほんの一握りの人間だけ」と、これまでに幾度も聞いたこの言葉の重みを実感していた。芸人に向けて〝一発屋〟などと揶揄する言葉もあるが、一発でも世に出るのはものすごいことで、さらに10年以上この世界に残っている人間はほとんど化け物だ。

行く先々でクビ宣告を受け、たどり着いた当時のアルバイト先は、とある大手建設会社のメール便の仕分け作業。少人数での仕事だったが、急な収録やライブによるシフト変更にも、みんなイヤな顔ひとつせずに引き受けてくれた。ここの社員さんたちとは、今も交流が続いている。

金はないが時間は有り余っており、とにかくネタ作りに躍起になった。

「祐希は絶対大丈夫」。愛する人からのこの言葉が、えずくほど強く僕の背中を押してくれたのだ。そうしてるうちに、小さな規模ではあるが、各種ライブでの優勝常連組になっていた。

そんな折、2011年にフジテレビで開催された賞レース『THE MANZAI』で、決勝に残ることができた。もともと僕らはコントがメインだったが、あまりにも仕事がなさすぎて、出られるものならなんでもと、勢いでエントリーしたのが功を奏した。

決勝の模様は年末に生放送で全国中継され、優勝でもしようものなら一夜で人生が変わる。目の前が霞むほどの緊張の中、僕らは舞台に飛び出した――。

なぜか、ネタ中も、その後のMCとのクロストークのことも全く記憶に残っていない。結果は審査員票0ポイントで敗退。こうなるともう、出ていないのと一緒だった。決勝進出効果など何もなく、そこから新年を迎えると、もともと少なかった仕事がさらにジワジワと減っていった。

変わらずに真由美は僕を支えてくれていたし、待望の長男は本当に可愛かった。だからこそ、もう限界だった。真由美が支援に回してくれた貯金も、とうの昔に底をついた。当たり前だ、僕から渡せる生活費など、調子のいい月で10万円ほどだった。

「もしも真由美があの縁談を受けていたら、享受できていたであろう生活レベルには追いつきたい」。そんなプレッシャーを自分に課していた分、僕は潰れた。

古くは「女性の社会進出」、近年では「主夫」などの言葉があるように、働き方や稼ぎ方における男女のイニシアティブの握り方は、今後はよりボーダーレスになっていくだろう。

しかし、よほどのヒモ体質でもない限り、己の甲斐性のなさというものは、男の精神を蝕んでいく。

愛を金で買えるとは思わないが、愛を継続していくうえで、金はとても重要なツールだ。心の余裕、安息の部分は金で買うことができる。結婚〝生活〟なのだから、やはりある程度の収入と貯蓄は欠かせぬものなのだ。下手に愛で満たされていると、「金などなくとも大丈夫」という乳臭い感傷に浸ってしまう危険性がある。

僕もそうだった。絶対的な愛ばかりに目を奪われ、最低限の男の義務を疎かにしてしまっていた。

## ケリーバッグを20個買おうが追いつかぬほどに

僕は芸人を辞めることに決めた。もう真由美が何を言おうと辞めると決めた。しかし、ここで問題になってくるのが就職先だ。

僕はパッと見はベンチャー起業家のような見てくれをしているが、掛け値なしのバカだ。学生時代の偏差値は34。ちなみに暴走族のリーダーをしていた同級生は42だった。いまだに知っているいちばん難しい英単語は「if」だし、台形の花壇の面積すらも求められない。常識もないし、ワード・エクセルと聞いても「洋菓子屋さんみたいだな」としか思わない。お勤めという選択肢は壊滅的だった。

そこで自分なりに考えた結果、数年修業したうえで、餃子専門の定食屋を開こうと考えた。最近では少なくなったニラとニンニクをたっぷり入れた餃子で、キャッチコピーはインパクト狙いの「当日翌日デート禁止」。

なぜ餃子かというと、評判が高まれば冷凍で全国発送もできると思ったからだ。第一号となる店舗は明大前で、空いた飲食物件を居抜きで探そうと考えた。学生は腹を減らしているし、かつ情報拡散力を持っている。夜は酒類の注文も多く見込めるだろう。店の外にはにおい消しのために乳製品の自販機も置こうか。軌道に乗れば店舗を増やして……と皮算用は止まらなかった。

家計もそうだが、両家の親を早く安心させたかった。真由美のパパからは事あるごとに「サポートするから店でも出したらどうだ」と持ちかけられていた。初めて会った日のスゴむような声から、その頃にはもう懇願するような声に変わっていた。サポートは辞退したが、大切な娘を僕に預けてくれた恩義に早く報いたかった。

2012年の夏、芸人にとってはイベント営業で目白押しであるはずのこの季節にも、僕らは仕事がなかった。四谷三丁目にある事務所の稽古場で、僕はまず相方の酒井に告げた。「ごめん、今年中に無理だったら餃子の修業するわ」と。

他人からしたら謎解きのようなこんな言葉でも、さすがは相方だけあって、瞬時に察してくれた。

「そうすか……。まあ、とりあえず決勝までいきましょう」

僕らはこの年も『THE MANZAI』に出場していた。しかし僕は半ば諦めていた。目ぼしいネタは去年で出し尽くしている。新たに出来上がったのは、僕が地元の福島弁で、酒井を延々と説教するだけという漫才のみ。テクニックもクソもない、もうヤケになったような漫才だった。

その日の夜、長男が寝付いた後に、リビングで真由美に話をした。長期間支えてくれたお礼を、芸人は今年で辞めることを、そして餃子屋のプランを。

僕が暗い雰囲気にならぬよう、真由美は目に涙を溜めつつも、細かく震える口角を一生懸命に上げながら聞いてくれた。そして「じゃあ私も修業しなきゃ、だね」と涙をこぼしながら笑った。

名字を変え、環境を変え、男の身勝手な決断の後ろ盾になる。これが現代的な結婚の形とは言わないが、いまだ大多数の妻が、こうして旦那を、家族を支えてくれているのだろう。果たして同じ役割を男ができるだろうか、まず無理だろう。

こうした妻の強さ、献身に対して、僕らが発する感謝の言葉はあまりにも少なすぎる。それどころか「旦那が仕事中に、マダムは優雅にランチを食べて……」などと当てこする輩がいる始末だ。

しかし人生そのものが激務となる主婦や妻という〝職業〟において、どんな報酬でも多すぎることはない。

優雅なランチがどうした。ムニエルがなんだ。長期間僕を支え、そして涙をこぼしながら未知の決断を受け入れてくれた真由美への感謝は、ケリーバッグを20個買おうが、銀座久兵衛で大トロ祭りを連日開催しようが、決して追いつくものではないのだ。

## 長男は、何も知らずに積み木を重ねていた

引退を前提にしたことで力が抜けたのかどうか、ヤケになった漫才は予想に反してよくウケた。

賞レース予選の会場では、舞台袖でたくさんの芸人がライバルたちのネタを観察し、楽屋はお互いのネタの品評会場と化す。舞台を降りると、たくさんの芸人から「決勝あるんじゃない？」と評価してもらえた。

しかし、去年もこんな感じだったのだ。ライブ形式の予選と、テレビ局で生放送する決勝では雰囲気がまるで変わる。予選で雷鳴のようにウケていたネタが、決勝で湖畔のように静まり返るケースは芸人にとって〝あるある〟だ。変に決勝に残って恥をかくくらいなら、早めに落ちたほうがマシだ。このときはそんなふうに考えていた。

真由美と相方に引退を告げたことにより、僕の頭の中は漫才から餃子にシフトしていた。薄皮パリパリか、もっちりした厚皮にしようか。水餃子もいいが、焼き餃子一本にこだわるのもアリだな。羽根はつけようか、店の名前はどうしようか。そんなことばかり考えていた。餃子など、人生で一度も包んだこともないくせに。

ある日、番組の打ち合わせがあるとのことで事務所の稽古場に呼ばれた。「辞めるとなるとこうやって仕事が来るもんだな」などと皮肉に感じていると、突然、稽古場の扉が乱暴に開かれた。

カメラと照明がドヤドヤと入ってきて、僕らに一枚の封筒が手渡された。去年も見たことのある封筒だ。僕らはこの年も決勝に残れたのだった。

頭の中の餃子はすっかり吹き飛んでいた。「どうせ決勝なんか残ったところで……」そう考えていたはずが、「最後のチャンスがもらえたんだ」と胸がいっぱいになった。恥ずかしながら涙も出た。今まで「芸人魂とかやめてくれよ」という雰囲気を醸し出してきたにもかかわらず、ヒクヒク言いながら泣いてしまった。

だけどまだわからない。去年のように結果が伴わなければ、これで本当に終わりだ。芸人として最後の仕事になるかもしれない。

年の瀬が押し迫った12月16日、決勝の日。真由美は実家で生放送を観ていたらしい。後日、ママがそのときの様子をこっそりと教えてくれた。

――家族、親戚がずらりと揃い、今か今かと僕たちアルコ&ピースの登場を待っていた。結果が惨憺たるものであれば、僕が芸人を引退することはみんな知っている。次々と漫才が披露されるも、リビングの空気は重苦しかったという。

いよいよ僕たちのブロックに差しかかると、真由美はまず仏壇のご先祖様に手を合わせた。ついにネタが始まると肩をガチガチに固め、膝を抱えながら画面をにらんでいた。会場のウケ具合の一つ一つに「ヨシッ……ヨシッ……」と反応しながら。

ブロックの全組が出揃い、審査員投票が始まった。一票、また一票と巨大なモニターに表示され、その結果に真由美は口元を押さえたまま固まった。全ての審査員票が、僕らに集まっていた。

真由美のじいちゃんもばあちゃんも、手を叩いて喜んでくれた。まだ1歳だった長男は、何も知らずに積み木を重ねていた。

ふと、それまで無言で観ていたパパが煙草を手に立ち上がり「もう少し続けさせてやれ」とつぶやき、部屋を出ていった。その言葉を背に受けた真由美は、床に突っ伏し、大声を上げて泣いた――

らしい。危なかった、その後のファイナルラウンドでの湖畔具合をパパに見られていたら「あ、やっぱ辞めさせろ」と言われていたかもしれない。

優勝こそ逃したが、それまでがゼロの僕たちにとって、3位入賞の影響は小さくなかった。その翌日がアルバイトの最終出勤になり、ビアードパパのシュークリームを手土産に挨拶に行った。主任は口元にカスタードをつけたまま「籍は残しておくから頑張っておいで」と送り出してくれた。こうして僕は、ようやく芸人として一本立ちすることができた。

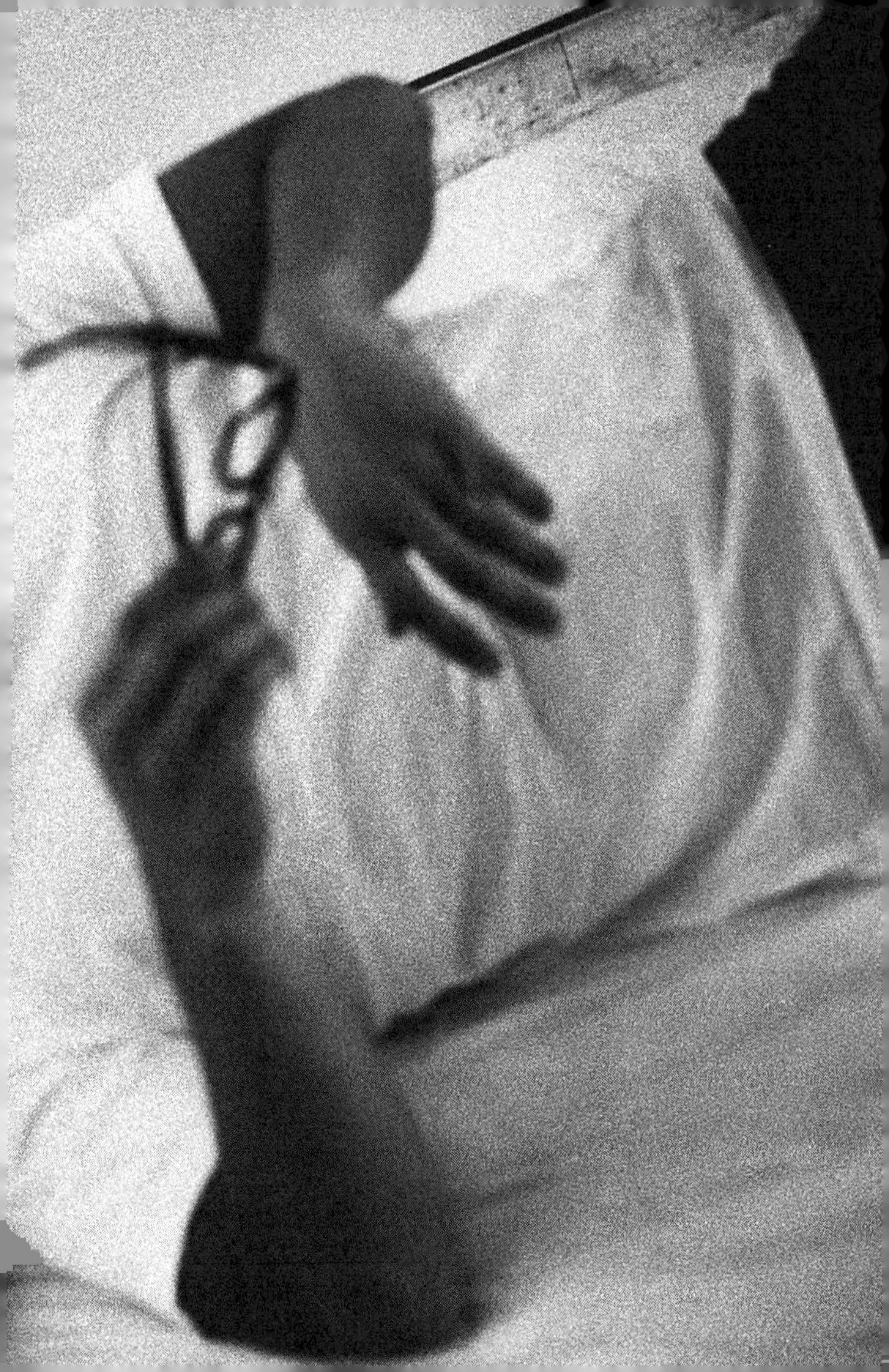

# 3章

# 家事も育児も、モテたいからやってる

## 結婚とは、一生モノの恋愛相手を手に入れること

結婚というものにどんなイメージをお持ちだろうか。

「不自由になる」

「この世の地獄だ」

世界中でこうしたネガティブなイメージが蔓延している。そうして多くの夫婦が「いずれ醒めていくもの」「面倒臭いもの」などという悪い印象に引きずり込まれてしまう。ならば僕が断ち切ろう、これらは全て間違いであると。結婚とは、一生モノの恋愛相手を手に入れることだ。


夫婦になった僕たちは、より恋愛感情を強くした。それぞれが世界でたった一人の「妻」であり「夫」になったのだ。恥ずかしいくらいにテンションが上がった。

「結婚後は何か落ち着いちゃうよね」などと達観した雰囲気を出す輩を見ると膝裏が痒くなる。大学生が後輩の前で気取る「俺ももうジジイだわ〜」の寒々しさに似ている。

ドライな目線で見てしまえば、結婚など役所に紙切れを一枚提出するかどうかの、ただの事務的な制度だ。今や夫婦別姓、事実婚などさまざまな形態があり、昔に比べて自由度は上がっている。だからこそ、いわゆる法律婚というものをロマンチックに考えてみてほしい。

全てにおいて堅苦しいはずの国が自治体が、「今までいちばん大好きだなって思う恋人ができたらさ、紙に二人の名前書いて持っておいでよ」と、言ってくれているのだ。「そしたらさ、二人は一生の恋愛相手ですって認定してあげるね」と。あんなに灰色の建物のクセに、やってることはほとんどサンリオだ。数えきれないくらいに存在する国が定めた制度の中で、ダントツでいちばん可愛いのが結婚なのだ。出生届は二番だ。

僕ら夫婦はお互いを、動物ネームで呼び合うことがある。僕の設定は子豚のぴーちゃん。真由美は子熊のみーしゃ。同じく特殊なニックネームで呼び合う夫婦やカップルはほかにもいるだろう。他人からすれば、おぞましい行為に映るかもしれないこうしたキャラ付けの利点は、ただジャレ合いが楽しいだけではない。

結婚後は変にこなれたふうを装ってしまい、夫婦の関係性がシニカルな劇画タッチになってしまう。そんな危険性を、可愛い動物たちがメルヘンタッチのままキープしてくれるのだ。

まずはお好みの動物を選び、名前を決めよう。自分にどの動物がしっくりくるのか分からない場合は、相手が感じるイメージで指定してもらうのもいいだろう。ちなみに一度決めたとしても、動物の変更は可能だ。真由美も最初はカワウソだったが、途中で子熊に移行した。散髪や服装などで、印象がほかの動物に変わることもあるだろう。そこは臨機応変に対応し合ってほしい。

動物が決まったら次は名前だ。真由美のパターンでは名前との連動で「真由美」

↓「みーしゃ」となった。他にも僕のように「子豚」↓「p.ig」↓「ぴーちゃん」と、動物のイメージ先行の名付け方でもいい。

ここまで決まったら実践に移ろう。このとき一つ気をつけていただきたいのは、あくまでも動物の「赤ちゃん」であることだ。ここで設定を大人の動物にしてしまうと、食物連鎖における捕食のイメージが表に立ち、それこそ劇画を超えた、厳しいサバンナの世界観になってしまう。あくまでもメルヘンな動物の「赤ちゃん」であることは徹底していただきたい。

この説明はもはや不要だろうが、人間も動物の赤ちゃんもヨチヨチ歩く。よって動物設定に入った後は互いにヨチヨチ歩くこととなる。ほかにも手（前足）の動きも含めた全ての所作をおぼつかない動作にしていただきたい。理由は先ほどと重複するが、赤ちゃんだからである。

赤ちゃんになることにより、当然声も高くなるし、舌ったらずにもなる。また、赤ちゃんなので、ちょっとしたことで泣くこともあるだろう。相手が泣いたら、パートナーには是非ヨシヨシをしてあげてほしい。理由は泣いているからだ。

最後に、これはルールというよりは倫理の問題になるが、パートナーが動物設定に入ったら、もう片方も自動的に動物になるよう、システムを徹底してほしい。声色を変え、ヨチヨチ歩く動物の赤ちゃんになったにもかかわらず、スカされ、普通の人間に冷静な返答をされたときの相手の胸の痛みは、常識的な大人であれば容易に想像できるだろう。片方が動物になった時点で、そこにはもう人間は存在しない、するわけがないんだという考えを徹底していただきたい。

これら最低限の倫理を守ってもらえれば、あとは各々のペアのフリー演技だ。リビングが「仲良し森」になるのか、お風呂場が「チャプチャプ湖」に変わるか、はたまた階段が「ヨイショのお山」に大変身するかもしれない。

赤ちゃんであるがゆえにケンカも起こる。お腹にキスをしてくすぐり合ったり、抱っこ抱っこギューの刑など、壮絶なファイトシーンも時には覚悟しよう。出先のスーパーなどで人目を盗み、一瞬だけ動物になり合うのもスリリングで刺激的だ。それぞれのセンスで動物の赤ちゃんを満喫してほしいと思う——。

これは一例だ。数ある結婚生活の彩りの中の、ほんの一例を紹介させていただいた。結婚生活は本当に不自由なのだろうか。本当にこの世の地獄なのだろうか。

今、自分の置かれている環境を疎ましいものだと恨み続けるのか。はたまた、そうした環境を最大限に謳歌し、遊び場にするか。「不自由」を「自由」に。「地獄」は「天国」に。精神のベクトル次第で、どうにだってできる。

食卓で動物の赤ちゃんとなり、「おいちいあむあむタイム」をしながら、一度夫婦で話し合ってみてはいかがだろうか。

## 人妻は貴方のすぐ隣にいる

息子が生まれた2年後には娘が生まれ、我が家は四人家族となった。ありがたいことに、その頃には僕も仕事で忙しくさせてもらっていた。しかし、子供が二人となった母親の多忙さたるや、M－1優勝直後のバタつき以上のバタつきが数年間続くようなものだろう。優勝経験はないが。

数十分おきに泣き喚く乳飲み子をあやしながら、目を離せない2歳児の奔放さに振り回される。夜は夜で、こっちがようやく寝ついたと思えばあっちが泣いてを繰り返す。昼間、息子がEテレに集中している隙を見計らって、数分間の仮眠を取る。真由美はそんな毎日を過ごしていた。

僕もまだ仕事が入り始めたころの若手のようなスケジュールの組まれ方で、帰りが早朝になることもあれば、地方での泊まりも多かった。家ではなるべく子供を見るように努めたが、当然十分なサポートなどできていなかっただろう。

それでも真由美は目の下にクマを作りながら、「お仕事いただけるのはありがたいね」と感謝し、また涙をこぼした。

ちょうどこの頃、テレビで妻とベタベタする話ばかりをしていると、「夫婦間のことばかりで子供に目を向けていないのではないか」「育児放棄の疑いはないか」などと批判の声が向けられることもあったが、とんでもない。ここまで深く愛し合っている人との間に生まれた子供たちだ。あまりにも可愛すぎて、夫婦ともに子供の顔を見ているだけで、平気で何時間でも過ごしていられた。今はもう小学3年生と1年生になったが、愛しさは日々増大し、こちらからの過度なスキンシップに、「ハグとキスばっかりで遊べない」と子供側からクレームが出るくらいだ。

ここまでの結婚から出産といった過程を経て、真由美の美しさはさらに深みを増していた。それはこれまでの無分別な若さによるものとは違う。女性としての覚悟、積み重ねてきた経験値や、そこで得た母性。これらが深い色香となって、輝きを帯び始めたのだろう。

女性は精神的にも肉体的にも、人生のあらゆる局面において変化を強いられる。そうした変化を大多数の男性が〝劣化〟と捉え、夫婦間の情愛が希薄になる大きなきっかけにつながってしまう。しかしこれはあまりにも稚拙すぎる捉え方ではないだろうか。

男性にとっての女性の美しさとは、単に闇雲な若さであることが多く、視野の狭さがうかがえる。僕もこの年になるまで気がつけなかった。

一人の女性が妻となり、母となり、年を重ねていく。これら一つ一つの過程は全てが進化以外の何ものでもない。この魅力は底無し沼だ。気づいた頃には腰まで浸かっている。


こうした視点が持てないのであれば、初めは単純なフェティシズムの目線から入るのも一つの手立てだろう。一度第三者の目線、つまり俯瞰の視点で奥様を見つめ直してほしい。

恋人関係を経て貴方と結婚した奥様は、〝人妻〟となったわけだ。貴方は人妻と一つ屋根の下で暮らしていることになる。そして子供が生まれて母となった。こうなると貴方は〝子持ちの人妻〟と同じ家に住んでいるのだ。

なんと平穏で、かつ艶かしい環境に身を置いているのだろうかと気づくだろう。こなれたつもりでいる日常の光景も、少し角度を変えるだけで色合いが変わる。万華鏡と同じだ。引きで見ればただの筒。もっと近づいて覗いてみれば、美しい無限の模様が姿を現す。

## うちの妻は誰よりも綺麗だ

僕が嫌いな言葉がある。

〝愚妻〟だ。

謙遜を美徳とする日本の文化そのものは美しい。しかし家族を必要以上に卑下する価値観は僕らの世代で蓋をすべきだ。

「うちのなんて女として見てないよ」

「ダメダメ、もうすっかりオバさん」

このように謙遜とも不満ともつかないボヤキを聞いたことがあるだろう。

こうした価値観が存在し、実際に口にしているうちに〝実〟が〝虚〟に呑み込まれてしまう。そうして本当に「妻を女として見られない」という負の流れが完成してしまう。あんなに強い恋愛感情を抱いて一緒になったはずが、もう話をすることすら億劫になる。人間は思い込みに支配される動物なのだ。

真由美と付き合い始めた頃、ライブなどでよく「すごく綺麗な彼女ができましてね」と話していた。あまりにもあけっ広げに話をするので、ファンの子からは「冗談だと思いました」と言われた。芸人には「そこまで綺麗だ綺麗だって言うのは、実はめちゃくちゃブスなんですか？」とフリだと思われたこともある。

当時は芸人のアイドル視が今よりも強く、彼女ができても公表する芸人は少なかった。でも関係なかった。だって隠し切れないほど綺麗な彼女ができたから。今でも僕は真由美を「美人妻」と公言している。他人からの反応はどうでもいい。僕にとって美しい妻なのだから、それは間違いなく美人妻なのだ。

「美人とはなにか」と考えたとき、僕はまず姿勢と視線と笑顔から始まると思う。それらを支えるのは女性としての〝自信〟だ。

どれほど素敵なプロポーションでも「もうババアだ」と言われれば背筋が曲がる。どれほど顔が整っていても「ブスだ」と言われれば視線は落ちる。

どれほど明るくても「女として見られない」と言われれば笑顔が消える。それらの言葉がたとえ身内の謙遜であったとしても、だ。女性の〝美〟に関する敏感なレーダーは、良くも悪くもあらゆる言葉を拾い上げてしまう。

文化、風潮というのは根深いものだ。ここ日本において、はじめは物珍しげに見られるだろう。しかし胸を張って言い続ければいい、「うちの妻は誰よりも綺麗だ」と。

気づいたら本当に世界一美しい女性が、貴方の隣に立っていることだろう。敏感なレーダーは、貴方の愛の言葉《スペル》を余すことなく拾い上げるから。

## 家事は〝嫁にモテたい〟から始まる

「夫が家事をしてくれない」という声が数多く届く。が、この件に関して僕には多少思うところがある。最近は「家のことなんだから」というかさに懸かった声があまりにも強すぎて、夫の仕事への労いがおろそかになってしまっているのではないか。

ほかの国のことは知らないが、日本において男が仕事で受けるストレスは並大抵ではない。重圧、板挟み、責任、これらが一生ついて回り、それでも家族を守るために向上心を持って取り組まなければならない。そんななかクタクタになって家に帰ると、聞こえてくるのは妻のグチと舌打ちだけ。こんな現状で夫婦の協力態勢など取れるわけがない。

と、同性を庇護しつつ――やはり主婦業の過酷さは尋常でない。早朝から夜遅くまで気の休まるときがなく、さらに子供でも生まれた日には一息つくことさえできない日々が向こう数年間続く。最大の悲劇はこれらの苦労が見た目で伝わりづらいことだ。

以前、軽い気持ちで〝ママのお休みの日〟を設け、子供と家事全般を請け負ったことがある。僕はわりかし器用だし、体力は人の3倍はある。自信満々で始めた結果、僕は半日と持たずに潰れた。

根性論では語れないレベルの疲労が、肉体と精神を蝕んだ。これを毎日やっているのかと思うと気が遠くなった。この苦労を知ると「ほんの少しの手伝いがどれだけの助けになるか」という気持ちがよくわかる。

まずは「男女どちらが大変か」という比較をやめることだ。そしてお互いがお互いのために毎日頑張ってくれているという、当たり前なのに忘れがちなことを改めて認識し直すべきだ。

サラリーマンであれ主婦であれ共働きであれ、互いの仕事への労いがベースにないと、サポートの段階になど進めない。

「お疲れさま、いつもありがとう」があって初めて、「こちらこそありがとう。何かできることはある？」につながるのだから。

僕も仕事柄スケジュールが不規則なこともあり、十分に家事の手伝いはできていない。なので限界はあるのだが、家にいられる時間はなるべく家事をするように心がけている。

だが、そこに義務感は一切ない。よくできた旦那のように「時代に鑑みて男も家事を〜」などといった意識も特にない。では、なぜやるか。

嫁にモテたいからだ。

昔は義務感から家事に手を出し、やり方にダメ出しをされてケンカになった。育った環境で家事の細かなルールはそれぞれ違う。義務感で行うと自分のやり方を貫いてしまい、嫁からすれば雑に済ませているように見えてしまう。それで一つの答えを導き出した。やらなくてはいけないのではなく「よく思われたい」という認識で始めたほうが、結果的に全てがうまく回る。

たとえば洗い物をするとき、茶碗をただ洗って終わりではなく、シンクやカウンターも拭き、その台拭きをもみ洗いして絞った状態で置いておく。バスタブだけではなく風呂場の壁や床もざっと磨いておく。すると「こんなところまでありがとう！」「すごい！　助かっちゃう」と褒めてもらえる。そうなると「次はガス台回りも」「天井にだって手が届いちゃうんだから」と範囲も広がる。

「よく思われたい」という欲求は、必然的に嫁の「こうしてほしい」を上回ることになるのだ。

僕は褒められて嬉しい。嫁は助かる。これ以上Ｗｉｎ－Ｗｉｎな関係があるだろうか。

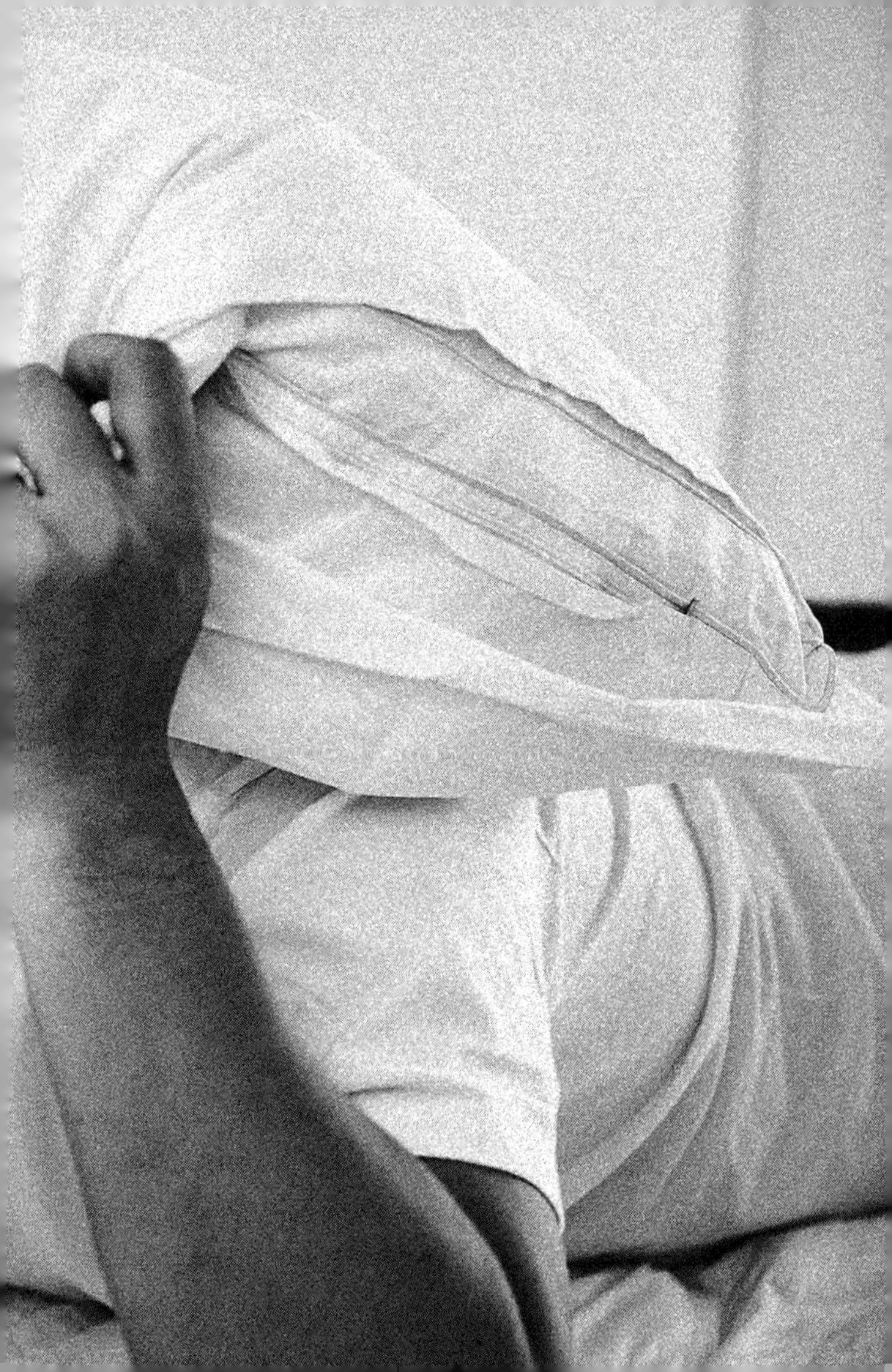

# 家事はデートだ

それでも「忙しすぎて家事にまで手が回らない」などと、仕事を逃げ口上にする男性もいる。しかし妻が真の部分で求めているのは、完璧になされた家事ではなく、着手しようとしてくれる真心の部分だ。もちろん完璧な家事ができるのであれば何よりの助けになるだろう。だが、まずは「何かやれることを」と奮闘する姿が見られるだけでも、気持ちの面でどれだけ救いになるか分からない。

目の前にあるタオルを一枚たたむだけ、汚れた洗面台をサッと拭くだけ、それでも立派なお手伝いだ。

風船が街路樹に引っかかり、泣いている子供がいたら手を伸ばすだろう。路上で突然おばあさんがしゃがみ込んでいたら声をかけるだろう。そんな場に出くわしても「俺も疲れてるんだ」と見て見ぬふりはすまい。それと同じだ。すぐ目の前で困っている人がいる。疲労困憊《こんぱい》で参ってる人がいる。さらにはそれが愛する家族なのだ。それでも貴方は無視を決め込むというのか。

タオル一枚たためないほどに忙しい仕事など、この世には存在しない。全盛期のピンク・レディーだって、家に帰ればタオルくらいはたたんでいたはずだ。

今度は逆に、世の奥様方にも聞いてほしい。家事をやらない旦那は、やらないのではなく、これまでやってこなかっただけだ。僕もそうだが男の独身時代など雑なもので、そのほとんどが細やかな家事など意識せずに生活している。なので家事に関しては赤ちゃんに等しい。

赤ちゃんに「家庭が〜意識が〜」などと説いてもヨダレを垂らして「ダァー」としか答えられない。そこに腹を立てても仕方がないのだ。お手数だが、まずは褒めるところから始めていただけないか。

高いところにあるものを取ってもらい「さすが」と感動してみせる。重い物を持ち上げさせ「すごい」と驚いてみせる。それらが本当に使う物である必要はない。褒めるためだけの無意味な移動でいい。ここでのポイントは胸の前でする小さな拍手だ。男性はあれが大好きなのだ。

そうした流れで、今度は洗い物のお流し係を担当してもらう。単なる作業にしてしまうのではなく、夫婦隣り合う立ち位置でいろいろな話をするといい。決してグチではなく、ポジティブな報告会がベターだ。隙があれば両手が塞がった旦那の頬にキスをして、イタズラっ子のように笑うといい。もうお気づきだろう、家事はやり方ひとつでデートの場にもなるのだ。

不本意だろうが、「家事などやって当たり前」という考えは胸の奥底にしまってほしい。勝手なことを言うが、男の感覚は中学2年生で止まる。なので「本当に助かった」を添えるだけで、じゃあ次も、次もという男の子ゼンマイが巻かれるのだ。

## 苦労を喜び合え。苦痛を伴うならやめておけ

「専業主婦になりたい」と女性に願われるのはすごいことだ。そこには絶対的な覚

悟と信頼がある。

真由美は長いことアパレルの仕事を続けてきたが、僕の仕事時間が不規則な様子を見て「祐希がお仕事に専念できるように、専業主婦になって支えたい」と言ってくれた。

そう考えてもらえたのは重圧であり、喜びでもあった。僕の仕事の今後の展望を本当に信頼してくれているのだと思い、嬉しかった。その信頼に対して自覚と負荷をかけるため、稼ぎがまだ十分でない段階で、フライング気味に専業主婦になってもらった。

もともと少なかった小遣いも、ひとりの時間もすっかりなくなった。こうした制限を喜びと感じられるか、はたまた苦痛と捉えてしまうのかは、結婚相手への真の想いを推し量るうえで大切な基準となる。共に「苦労」を喜び合える相手であればいいが、「苦痛」が伴うのであれば、一歩進んだ契りは考え直したほうがいいだろう。

結婚は我慢でする時代ではない。

キツい言い方になってしまうかもしれないが、男女を問わず「恋人が結婚に前向きじゃない」と悩んでいる人は、まだあなたとの〝制限〟の部分が喜びと捉えられないのではないだろうか。それが単純に相性の悪さなのか、努力で補填できる程度のものなのかは分からないが。

真由美はアクティブな女性だし、外での仕事が好きだった。僕の不規則な時間に合わせるために、我慢させてしまっていることは山のようにあるだろう。しかし、旨そうに夜食を食べる僕を見る目は慈愛に満ち溢れている。

よほどの資産家や土地持ちでもない限り、男女問わず結婚後に強いられる制限は少なくない。独身時代のように、趣味に没頭するのも難しくなるだろう。

しかしそれでもいい、最終的には「家庭が趣味」になった者が勝者だ。逆に家庭を蔑ろにし、己の趣味のみを追った人間が没落していくさまを一度は見聞きしたことがあるだろう。絶対的な趣味としての「家庭」があり、その派生として別のものに目を向けるくらいがちょうどいいのではないだろうか。

そういえば鵠沼の波ともだいぶご無沙汰になってしまっている。メンテがおろそかになったボードも細かなひび割れが目立ってきた。まあ仕方がない、恋のうねりの波が途切れず、まだまだこちらの海から出られそうにない。

## 「良き夫」「良き妻」の概念を捨てよ

こうして「嫁が大好きだ」などと公言していると、僕を「いい旦那さん」だと思ってしまう方もいるかもしれない。これは謙遜でもなんでもなく、それはまずない。事実いい旦那ではないし、そうなれるとも思っていない。そもそも芸人である時点でそんな権利は放棄しているようなものだ。それでも僕は「いい旦那さん」だと思われる。

僕は圧倒的な恋愛感情１００％で真由美が好きなだけなのだ。人間ができているわけではないので、その恋愛感情がなければ、家事や育児に対しても意識は向いていなかっただろう。「この女に好かれたい」という欲求のみで、いい旦那を演じているだけなのかもしれない。

もちろん清廉潔白でも品行方正でもない。もし真由美に「俺はクリーンな旦那だよね？」などと聞いたら、「殺すぞ」とキリで尻を刺されるだろう。それに、もしも僕が他の誰かと結婚しており、その後に真由美と出会うようなことがあれば、間違いなく元の家庭を壊してでも真由美と一緒になる道を選んでいただろう。これが健全な旦那であるわけがない。

真由美以外の女性にも、特に優しいわけでもない。僕はただ真由美にモテたい。だから家庭に向き合い、結果いい旦那に見える。その三段論法のトリックアートにみんな騙されてくれる。

まず「良き夫」と「良き妻」とは何か？と考えたとき、結局のところ「妻にとっていろいろと都合のいい夫」であり「夫にとって望んだ通りの動きをしてくれる妻」なのだ。

〝懸命に働き、収入は多く、家事や育児を手伝い、休日は家族サービスを欠かさず、適度な距離感で自分を愛してくれており、贅沢を言えば爽やかイケメン〟これが良き夫の理想系だろう。

〝炊事洗濯がうまく、いつも気が利いて、外でも内でも男を立ててくれ、慎ましく、穏やかで、多少の火遊びは理解してくれて、贅沢を言えば細身なのにグラマラス〟これが良き妻の理想形だと思う。

どちらも、いない。いないのだ。いるわけがない。いるとすれば、結婚したばかりのスタートダッシュで〝良き――〟を意識し、頑張ってそうあろうとしている新婚さんだ。学生時代、新しいノートの最初の1ページ目は丁寧な文字を心がけるアレだ。3ページ目あたりからは「もういいや」といつもの乱雑なノートに戻るアレだ。こんなのが続くわけがない。

良き夫・良き妻であろうとすることに疲れ果て、夫婦という関係性に嫌気がさしてしまう。共に生活していくうちに、恋愛中は愛しく感じていたはずの部分が、許せぬアラに見えてくる。そうして徐々に「アイツがあんなに雑なのに、自分ばかりが良き夫（妻）である必要はない」と互いが開き直り、グズグズな夫婦になっていってしまう。

ここが僕たち夫婦と、悩める夫婦との決定的な違いだ。ここで他のページでもしつこいくらいに出てきた〝恋愛感情〟が正当な理屈を帯びて登場する。みんなが「いい歳して好きだの何だの」と陰口を叩いてきたその恋愛感情こそが、あらゆる全ての問題をまるっと解決してくれる。

お互いが恋愛感情さえ持っていれば、「面倒だけどやらなきゃ」が「ここまでできることを見てほしい」に変わる。運動会の徒競走で、好きなあの子が見ているとわかった瞬間にかかるターボだ。僕の場合はあのターボが16年間かかりっぱなしなだけで、別に強制的にこうしろ、ああしろなどと言われてはいない。徒競走で、大好きな真由美が横でずっと見てるから、ただそれだけのエネルギーで走り続けているのだ。「絶対1位になってやる」「白組のために全力で」などと思ってはいない。真由美にさえ好かれればいい。

真由美という人参が目の前にぶら下がっている結果、懸命に働くし、収入は多くはなくとも前よりはマシにしようと努力するし、横目で真由美を窺いながら家事や育児を手伝い、休日は家族サービスを欠かさず、適度どころかアジアトップクラスで妻を愛しており、爽やかではないが肉感的なイケメンだ。

いい旦那であろう、妻であろうという意識などゼロでいい。全ては恋愛感情だ。「義務感から家事はするが、夫婦間の感情は冷めきっている」。そんなのは、ただの大きめのルンバだ。そう思わないか？

コラム

# 芸人アルコ&ピースと真由美の関係

## ――もう一人のほうの大嫌いなタイプ――

25歳のときに出会った、テンションの低い男の子。それが酒井だった。

当時の僕は、別のお笑いコンビを組んでおり、同じく別のトリオを組んでいた酒井とは、ただの先輩と後輩の関係性だった。その頃の酒井は丸坊主にヒゲ面、年中白シャツといったファッション。

「三木道三のミュージックビデオじゃないか」

そう思ったのを今でも覚えている。

酒井は人見知りの弁がガチガチに固い男で、距離が縮まって普通に会話を交わせるようになるまで数カ月かかった。面倒臭くて嫌いなタイプだ。

僕は明るくてハキハキした芸人が好きだ。わかりやすくいうとなんでも拾ってくれるツッコミ芸人がタイプだ。後々答え合わせをしたところ、酒井は僕のことを「デカブツなうえに胡散臭そうで嫌だ」と思っていたという。

ある日、芸人数人で外苑前にある「ステーキのくいしんぼ」で食事をすることになった。

多くが関西芸人だったこともあり、会話のテンポに乗り遅れた僕は隅でおとなしく座り、ほとんどしゃべることはなかった。同じく横で黙ったままだった酒井が急に「iPodに入ってる曲で、ベストワンのおすすめ合いしませんか？」と言ってきた。

酒井が選んだのは、Mr．Children『I´LL BE（アルバムver）』。

僕が選んだのは、中島みゆき『糸』。

その後、お互いにヘビーローテーションとなる最初の1曲目は、そんな感じでイヤホンを分け合って聴いた。

そんな飲み会が何度かあり、同じユニットライブのメンバーにもなった。しばらくすると、酒井がトリオを解散することになったという。偶然だったが、僕もほぼ同時期にコンビを解散していた。

お互い急に、ユニットライブでピンネタをしなくてはいけない状況になった。すると酒井が「このライブ限定でコンビ組みませんか？」と提案してきた。後輩からの提案を「無理」と、けんもほろろに断るのは僕の騎士道精神に反する。せっかくだからと1回だけ組んでみることになった。

嫌いなタイプ同士なのになぜ？と不思議に思うかもしれない。今思い返すと、お互いが感じていた「こいつ合わないな」という感覚のベースには「地はいいのにもったいないな」という苛立ちがあったのだ。「元は悪くないんだから、どこかを少し変えれば面白くなりそうなのに」と。もしかすると密に話をしてみたらなにか印象が変わるかもしれないと思い、コンビネタを試みたのだろうと思う。

しかし主催者から「即席コンビはダメです」と断られてしまった。と、これはもう本当にどちらからだったのかも覚えていないが、「じゃあ本当に組んじゃおうか？」と提案したのだ。

熱い思いも、大きな目標も特にない者同士だからこそできた、先輩後輩同士での勢いによる結成。

しかしネタを合わせた瞬間、今までの相方の誰とも感じたことのない感覚が全身を貫いた。圧倒的なグルーヴを感じたのだ。まるで何年も前から組んでいたかのように、無駄な間が一切なかった。

「あ、多分こいつとずっとやっていくな」

予感というより確信だった。すると酒井がバッと体を離すと、驚いたような顔で僕に言った。

「これ、ちょっといけそうですね」

僕が体感した感覚を、酒井も同じように感じていた。「しっくり」でも「心地いい」でもない。「もともと組んでいた」。コンビだったものを一度解散させて戻しただけ。

確かに、そうでも考えなければ説明がつかないほどの一体感だった。

真っ黒に日焼けした肌に、アンバランスな加護亜依似の目鼻立ち。相変わらずヤニ臭いのは死ぬほど嫌だったが、僕は無言でビデオカメラをセットし直し、もう一度ネタを合わせた。

## ――芸人として、真由美の中では一切売れてなくていい――

外では家庭の話を散々している僕だが、家には仕事の話を一切持ち帰らない。全くのゼロだ。何かを質問されれば嫌々答える程度で、自分から話すようなことはまずない。

芸人という職業に限らず、家に持ち帰るような仕事の話などほとんどがグチになってしまうし、そんな泥の一滴ですら家族には触れさせたくない。外で浴びせかけられた嫌な思いは、玄関前で全て払い落とし、側溝に流す。

何より芸人という仕事において、出来の良し悪しを口頭で説明するのが難しい。

僕が嫌な思いをすればするほど、結果として正解な場合もあるし、どれだけ楽しかったり手応えがあったとしても、仕事としてなんの膨らみもなく終わることもある。ストレスと実績のバランスが比例するとは限らないので、そもそもどんなテンションで報告したらいいのかもわからないのだ。それに真由美は優しいから、どれだけ仕事が増えたとしても僕への心配が勝ってしまうだろうし、そんな内実を探ってしまうような説明をする必要もない。

もちろん給料は全部渡す。僕は交通費や、ちょっとした雑費をもらえればそれでいい。だから月収の総額は知っているだろうが、明細は見せない。明細には「何日のこの仕事はいくらで〜」と記載されている。

たとえば「今日は木曜日だから、○○円の仕事か」などと、全てが詳らかになってしまうのだ。真由美に限ってそんなことがあり得ないのはわかっているのだが、低額の日の「いってらっしゃい」のキスが、高額の日のそれよりも少なかったな――などと、こちらが勝手に抱くコンプレックスで感じ取ってしまいたくないのだ。

うちの家族は本当にテレビが大好きだ。バラエティを観てひっくり返って大笑いし、挑戦もので成功すれば歓声を上げ、家族みんなで拍手を送る。出演者と一緒になって楽しんだり怒ったり泣いたりと、昭和の街頭テレビのごとく満喫している。

僕はそんなふうにテレビを観ている家族が愛らしくて仕方がない。だからこそ、芸人の内実など知ったかぶって語りたくないし、「この人のギャラこれくらいか……」などの雑念を埋め込んでしまうこともしたくない。

もちろん自分の出た番組など観せるはずもなく、毎週録画予約で入っている番組も、自分が出ている回は即消去する。間接的にでも仕事が家に入ってくるのが嫌なのだ。テレビのパパは意地悪もするし、文句も言うし、いじりもすればいじられもする。

家で接するパパとはあまりにも乖離しすぎているが、それを「テレビのことだから」と説明しては、全ての番組を懐疑的な目で観てしまうことにつながりかねない。本当に、ただただ楽しいものとして純粋に満喫し続けてほしいのだ。

しかしその分、家族は不思議に思うかもしれない。毎日「いってきます」と家を出るのに、画面上では全く観る機会がないのだから。

毎日平和島に向かい、ボートで勝った金を月末に渡されているのでは、と考えるかもしれない。でもそれでいい。真由美にはモテたい。それはひとりのオスとしてモテたいのであって、「好きな芸人」になりたいとは思わない。芸人として、真由美の中では一切売れてなくていい。

# 4章

# 高2で付き合い始めて 2カ月目の感覚が16年続いてる

## コメ本来の上品な甘みは、洋菓子じゃ出せない

人はなぜ浮気をしてしまうのか。このテーマに関して、僕はそうした人たちを断罪できる立場にない。なぜなら僕も十分悪さをしてきたし、それなりに修羅場も経験した。大分昔の話とはいえ、今現在アレやコレやがすっぱ抜かれていたら、酒井を横に置いての謝罪会見待ったなしだ。

「おいおい平子よ、初めてのハグで宇宙的な一体感を感じたんだろう？　にもかかわらずほかの女性に目移りしたということか？」

諸兄姉のお怒りの声が聞こえてきそうだが、その通りだ。火遊びにもならない規模の話ではあるが、そんなものは安っぽい言い訳にしかなるまい。僕はただただ妻

に盲目な男ではなく、掃いて捨てるほどよくいるただのダメ男だ。

しかしそんな男が、ここまで強く一人の女性を愛せるようになった体験談だからこそ、語る価値があるのではないかと思っている。

なぜ人は浮気をするのか。ちょっと比喩が不快かもしれないが、テーマがテーマなのでお許しを。こうした話は耳触りのいいことばかりを並べても仕方がない。

浮気をする男性の目線として、奥さんや彼女はコメ、浮気相手はショートケーキの感覚で捉えていると思う。

まずはコメ。これはもう毎日のもので、日常から切り離せない主食だ。しかし日常的なものだからこそ、その有り難みを忘れがちになる。そして浮気相手のショートケーキ。なけりゃないでいいが、たまになんとなく食べたくなる。その色合いも一見きらびやかに映り、心惹かれてしまう。前述したように表現方法としては少し乱暴かもしれない。しかし大切なのはここから。

食べ物に置き換えた理由は、男性の味覚の幼さを表したかったからだ。いつまで経っても子供の感覚で、短絡的に甘いもの＝ショートケーキに結びつけてしまう。

丁寧に研がず、よく噛みもせず、コメ本来の上品な甘味に気づけずにいる。それを「味がしない」と決めつけ、安易にショートケーキに目を向けてしまう。そうした精神の成熟しきれていない部分が、男性を浮気に走らせるのではないだろうか。逆に女性が浮気に走る場合は、「久し振りにショートケーキに見てもらえた」という、ある種のときめきが発端となるケースが多いように見受けられる。

このように考えると、やはり男女ともに大切なのは主食としての安定感に加え、甘味と酸味を絶えずほのかに香らせ続けることではないだろうか。

〝米粉のショートケーキ〟というハイブリッドタイプに行き着いた真由美のように。

## 「浮気はしない」と断言はしない

僕は今も特に浮気否定派ではない。度合いによるというか、家庭を壊すようなものは上手じゃないよなとか、そうした程度問題だと思っている。

少し外側を向くことで内側をより知ることもあると思う。外の世界のほうがきらびやかに見えて仕方ないのであれば一度飛び出してみればいい。そのうえで「こんなもんか」と、自分が真に守るべき場所の再確認ができるのであれば、多少の火遊びなど安いものだ。

僕も「浮気はしない」などとは断言したくない。今後の保険をかけてるわけでも文春対策でもない。安心安全を保証してしまうことで、真由美に対する色気を失いたくないのだ。

「この人にそんな甲斐性はない」などといった侮りは、男女間が持つべき緊張感のたるみにつながりかねない。

「このほとばしる危険な色気は何？」と、常に危うい男だと思われ続けたいのだ。

当然、逆もあり得るだろう。真由美が今後間違いを起こさない保証などどこにもない。それは一人の人間、女性である以上不思議ではないのだから。

もしも一つの部屋で、そこにたとえば真由美とベッカムが二人きりだとする。どちらも気持ちよく酒に酔っており、ベッカムが優しく真由美に迫ったとしよう。誰にも見られないという保証があるのなら、真由美がその誘いを無下に断るとはどうしても思えない。

誰だってそうだ、相手が俳優の○○君でも誰でもいい。その夢のような状況下で「自分には配偶者がいるので近寄らないでください」などと、何人の人間が言えよう。業の深い生身の人間である限り、他人の不義に口を出せる権利を有する者など、どこにもいないのだ。それに、そうした状況下で真由美に迫らないとしたら、僕は逆にベッカムを張り倒すだろう。

極論のように聞こえるかもしれないが、これらは全て真理だ。こうして、ある一定の危機感に備え続けることで、常に自分が真由美にとってのいちばんであろうと努力し続ける原動力に変えるのだ。

そう、いつベッカムに口説かれても「こいつじゃ役不足だ」と妻に感じさせる自分であるために。

## 僕にとって家庭は安らげる場所などではない

「心から安らげる家庭を一緒につくっていきたいです」

結婚式や結婚発表などで100万回は使われてきたであろうこの言葉。多くの人が理想郷のように「安らげる家庭」を求め、一言目にこれを提示する。しかし、家庭とは本来、安らぐべき場所なのだろうか。

嫁を絶対的な恋愛対象として見ている僕にとって、家庭は決して安らげる場所などではない。

毎日、朝起きたときから「今日はどうやって真由美に好きになってもらおうか」と考える。髪はしっかり整えたほうがいいのか、可愛げのある寝癖を少し残したほうがいいのか。この服装、真由美は気に入るだろうか。いってきますのキスのパターンは変えようか。

帰宅する前も真由美によく思われるために、近場のコンビニの鏡で身なりを整えるし、子供が寝て二人きりの時間となったらさらに気が抜けない。例えるならば、僕は学生時代の片想いの相手と、ずっと一つ屋根の下に住んでいるようなものなのだ。布団に入る頃には全身の筋肉と神経がバキバキに疲労している。安らぐどころか、常にアドレナリンの海を泳いでいるようなものだ。

僕も真由美の愛を強く感じてはいるが、それが恒久的なものである保証はどこにもない。

どんな嫁でも旦那でも、誰もがひとりの不安定な人間だ。今日好きなものが明日も好きとは限らないし、それこそ数年後にも変わらず一緒に過ごせているかどうかなど、誰にもわからない。

そうした危機感を持って日々を過ごしていると、身体や雰囲気にも変化が訪れる。

「平子さんは変に色気がありますね」

恥ずかしながらそう言っていただくことがある。でもそりゃあそうなのだ、年中無休24時間営業で、真由美に向けて恋の感情を垂れ流しているのだから。ホルモン分泌の蛇口がすっかりバカになっているが、これぱかりはクラシアンにも直せやしない。

真由美に恋い焦がれる限り、僕は安らげる場所になど永久にたどり着かない。また、たどり着くべきではない。家庭内は四角い恋のリングだ。惚れた者の勝ちもあれば、惚れたがゆえの負けもある。他人同士の男女が昼夜生活を共にするというのは、本来はそれだけ艶めかしくて、縦横無尽に糸が張り巡らされたものなのだ。

「安らげる隙など一瞬もないほどに、恋の駆け引きに満ちた家庭を築きたいです」

こんな結婚会見を目にし、ライバルの出現に震えてみたいものだ。

# 相手を思い描く、それこそがプレゼント

「長い間一緒にいるから、プレゼントの渡し合いも億劫になってきた」

こんな感覚は本当にもったいない。僕はプレゼントをもらうのはもちろん好きだが、それ以上にあげるのが大好きだ。プレゼントを手渡し、箱を開けた瞬間、「わぁ〜！」と破顔する表情がたまらなく愛おしい。

長く連れ添った間柄では「もう何をあげていいのかわからない」という悩みもあるだろうし、現実問題、「いろいろ探すほどの恋愛的なモチベーションがなくなった」という本音もあるだろう。

しかしそんな夫婦関係だからこそ、急な『ちゃんと探してくれたタイプのプレゼント」がビッグサプライズとなり、喜びが倍増するのではないだろうか。

僕は夫婦での買い物の最中や、何げない会話の端々にも〝プレゼントアンテナ〟

を常に張り巡らせている。洋服でもアクセサリーでも食器でもいい。真由美が「これいいかも」と駆け寄って吟味すると、値札を見てサッと棚に戻した商品をすかさずチェックする。

ここで本当に欲しい品だったかどうか不安なときは、軽くリサーチを入れる。「今の可愛かったけどどね」と。ここで返答が「でも、ちょっと違ったな」であれば除外だ。「可愛かったんだけど、さすがに買えないなあ」ときたら決定的だ。「欲しいけど、ちょっと高級」。これほどプレゼントにふさわしい条件を揃えた品はない。

店名と商品名をコソッと携帯のメモに控え、次の作業は検索だ。店頭に出ている品以外にも、色違いやサイズ違いが存在する可能性もある。後日、今度は一人で店舗を訪ね、いちばん好きそうな色、サイズ感のものを吟味したうえで決断する。このとき、店員さんにプレゼントである旨を伝え、会話しながら悩むことが重要だ。購入時、ご好意でちょっとした雑貨品をサービスしてくれる可能性がある。

ものによっては海外の輸入代行サイトでセールをしていることもあり、安く手に入るのであれば、予算内で少し豪華な花を添えてプレゼントすることもできるだろう。

「その一手間が面倒なんだ」。そうお考えかもしれないが、アンテナを張り、リサーチし、再度訪ね、悩み、決断する。実はこれらの一手間一手間こそがプレゼントなのだ。品物そのものがメインではない。

誰かへのプレゼントを探している最中は、頭の中がその人のことでいっぱいになる。普段の趣味嗜好はどうだったか、過去の会話にヒントはあったか、これが本当に似合いそうか。不安になって別の店も覗き、結局また最初の店に戻って店員さんに「お帰りなさい」と微笑まれる。紙袋にシワが寄らぬよう、満員電車で大切に抱え込み、当日まで見つからぬよう押し入れにそっと保管する。ここまでの一連の流れをひっくるめて贈り物なのだ。

真由美はもとより、僕らはコンビ間でも互いの誕生日にプレゼントを贈り合っている。酒井のことなど普段はヤニ臭いタスマニアンデビルにしか見えていないが、あげるときももらうときも、そのときばかりは恋人の愛しさのそれになる。

プレゼントに関して腰が重い人間は、恐らく優しい人なのだと思う。「相手を絶対に喜ばせなくてはいけない」。そんな生真面目さがプレッシャーとなり、自分の首を絞めているだけだ。

誕生日、クリスマス、結婚記念日、なんでもない日。一年中そのチャンスは転がっている。食事をする。お揃いのものを二人で探す。読んでみてほしい本を交換し合う。気に入ってもらえそうなものを贈り合うだけじゃない。「誕生日だし何か欲しいもの買ってあげる」。もちろんこれだって立派なプレゼントだ。僕もリサーチの受信が弱いときにはこの手法を取ることもある。

「マイホーム貯金のために、お互いのプレゼントはなしにしようね」。こんなのはもはや未来の自分たちへのプレゼントだ。記念日には手紙を書き合うなど、金をかけずとも贈り合うことだってできる。そのとき、その人それぞれにプレゼントの形があっていい。

人間は自分の喜びよりも、誰かに喜んでもらえたときのほうが、己の存在意義を強く感じることができる。もしかするとプレゼントというものは、何よりも自分自身への贈り物なのかもしれない。

この章を読んでいる人の中にも、今日が誕生日だという方もいるだろう。僕が生まれ、あなたが生まれ、だからこそ、今こうして交わることができた。奇跡を祝おう、ヘピベスレイ。

## 高校2年生の、付き合い始めて2カ月目の感覚が続いている

僕ら夫婦の密な関係性を「依存症っぽくて引く」「気持ちが悪い」「重すぎて嫌だ」などと顔をしかめる人も少なくない。

逆に問いたい。質量が感じ取れない、依存性のない愛などあるのかと。

僕ら夫婦はお互いの依存が心地いい。例えるのであれば、高校2年生の、付き合合

い始めて2カ月目のカップルの感覚が16年間続いている。言うまでもなく「高校2年生の付き合い始めて2カ月目」とは、この世でいちばん依存し合う期間だ。恐れることなく依存し合っているし、なんならこのまま潰れるまで依存し合いたい。

人間関係における「依存」というワードは基本的にネガティブなものとして語られがちだ。しかしそれは、想いを寄せる人に依存される喜びを知らぬ者の遠吠えでしかない。

「依存」の対極にある理想の関係性として「いい距離感を持った関係」というものがある。一見爽やかな印象を抱きがちだが、この言葉に潜む闇を僕は見逃さない。

つまりは「自分ひとりの世界観はキープしつつ、いい塩梅で孤独は埋めてくれ」ということでもあろう。ズル賢さを詰め込んだ欲張りセットだ。シティ派な言い回しでごまかされてしまいそうになるが、いざというときには責任を放棄できる距離感を保っているだけとも言える。

恋人であれ夫婦であれ、孤独を埋め合える距離感にはそれに伴った責任も背負うべきだ。その重圧こそが男子の本懐。肋骨の浮いた貧弱な理論など蹴り上げ、全身全霊で愛に依存すればいいのだ。

「同じ墓に入ろう」と約束した相手と「いい距離感をとる」という矛盾。それこそ「同じ墓に〜」などというのは永遠の依存を許容し合う究極の距離感の完成形だ。タンスの靴下コーナーのように、仕切り板で墓の中までも細かく区分けするつもりだろうか。

依存が重く感じてしまうのは、その依存が中途半端だからだ。互いに理屈を詰め込む隙間ができて、依存を疎ましく感じてしまう。

安室奈美恵さんも歌っていたではないか、「愛なんて美しくなくっていい。こわいくらいでもいい」と。重くていい、もっと体重をかけ合っていいんだ。

もちろん自分たちでも多少は痛々しさの自覚はある。40を過ぎて、いい年した夫婦がイチャイチャ手をつないで歩いているのだ、冷静に俯瞰で考えるときもある。だけど考えてほしい。それを60年続けたのが、みんなが憧れる、共白髪の夫婦が手をつないで歩いている姿ではないか。

過程を飛ばしてあの光景はない。痛々しさを伴う依存を通過した先に、あの憧れの老夫婦がいる。あの境地に至る前には、今の僕のように疎まれてきたに違いない。
だから僕は今日も諸先輩方の背中を追いかけ、恥じることなく依存する。

## 触れ合いのススメ

「夫婦円満の秘訣は何ですか？」

これがインタビューでいちばん困る質問だ。本音で答えれば「運命《さだめ》に身を委ねた結果」となるのだが、若い女性の記者さんに「ボケ以外でもうワンパターンください」と真顔で言われ、それ以来トラウマになった。

仕方なくカジュアルな見地で考えた結果、「常に触れ合っていることだ」という答えにたどり着いた。僕と真由美は常にどこかしら触れ合っている。

外を歩けば当然のように手をつなぐし、テレビを観ているときも足を乗せたり乗せられたり。家の中ですれ違うたびに頬や肩や尻など、お互い必ずどこかしらは触り合う。これらはもうほとんど無意識で、大袈裟でもなんでもなく呼吸と同じ感覚で行っている。

逆に考えると、冷め切った夫婦にはこれがない。ベッタリだろうがチョンチョンだろうが、とにかく相手に触れるという行為が全くないのではないだろうか。「お互い気持ちは冷め切ってるけど、ゴリゴリに触れ合いはあるね」などというイカれた夫婦の話は聞いたことがない。

この論理で考えたとき、どれだけ冷め切った夫婦でも、触れ合うことで気持ちを再燃させることができるのではないかと僕は思う。「もう触りたくないくらいに冷め切っているんだ」とのご意見もあるだろう。しかし今現在夫婦でいるということは、現状で離婚という選択をしていない。「子供のため」「世間体」「お金の問題」など、さまざまな理由があるのだろうが、とにかく一緒に生活することを選んだのだ。〝あの頃と同じように〟とまではいかずとも、せめて〝ほのかな男女の間柄〟が戻るだけでも、今後の生活がしやすかろう。

では、どうすればいいのか。簡単だ、触れりゃいいんだ。今まで「おい」「ねえ」と呼びかけていたものに、肩のトントンを加えるだけ。廊下ですれ違いざまに「失礼」とスッと腰元に手を添えるだけ。テレビを観ながら疲れたフリして、少しもたれかかるだけ。ただこれだけでいい。どれもこれも日常に溶け込む、なんてことのない光景だ。だけどその普通がなくなった今、たとえその程度の所作だけであっても、大きな変化を呼び起こすだろう。たった一滴の水であっても、砂漠を彷徨い歩く者ならば、大口を開けて欲するはずだ。

公園で、ふと足元に寄ってきた他人の犬を撫でた経験があるだろう。先程まではただの風景の一部であった見知らぬ犬が、触れることで温もりを帯び、一つの命ある存在として生々しく意識の中に入り込んできたことだろう。その触れ合いの中で犬もあなたの存在を認め、尻尾を振るなり怯えるなり、何かしらの感情の行き交いがあったはずだ。たとえが犬で申し訳ないが、犬も人も同じことだ。

1章で述べた喧嘩の回避方法と同じだ。人間など意外に薄情なもので、〝触れる〟

という距離感をもってして初めて「ああ、この人も自分と同じ人間なんだな」と認識するものだ。単純に視覚で相手を捉えるだけでは、単なるデータとして処理されてしまう。

まずは久しぶりに相手に触れたときの自分の感情を確かめてみてほしい。「あれ？そんなに嫌じゃないかもな」と思ったら、次はその思いを指先に込めて触れてみる。感情が乗ると触れ方が変わる。触れ方が変わると相手にも伝わる。

別にそれで恋愛感情が復活しなくてもいい。「家庭をもっと温かい空気にしたい」、それが夫婦間の共通認識になれば、少なくとも「冷め切った」という関係ではなくなるだろう。もしもお子さんがいるのであればなおさらのことだ。「冷め切った」という関係性は、自分たち以外の目から見れば、ただの「殺伐」なのだから。

夫婦のあり方について100時間話し合うよりも、たった一瞬の触れ合いのほうが雄弁になることもある。成功を約束するものではないが、成功にいちばん近い方法ではあるはずだ。

ここで一旦しおりを挟み、休憩にしよう。わざとソファにドサリと座り「バカな本読んでたら疲れたわ」と、肩にコツンともたれかかってみよう。

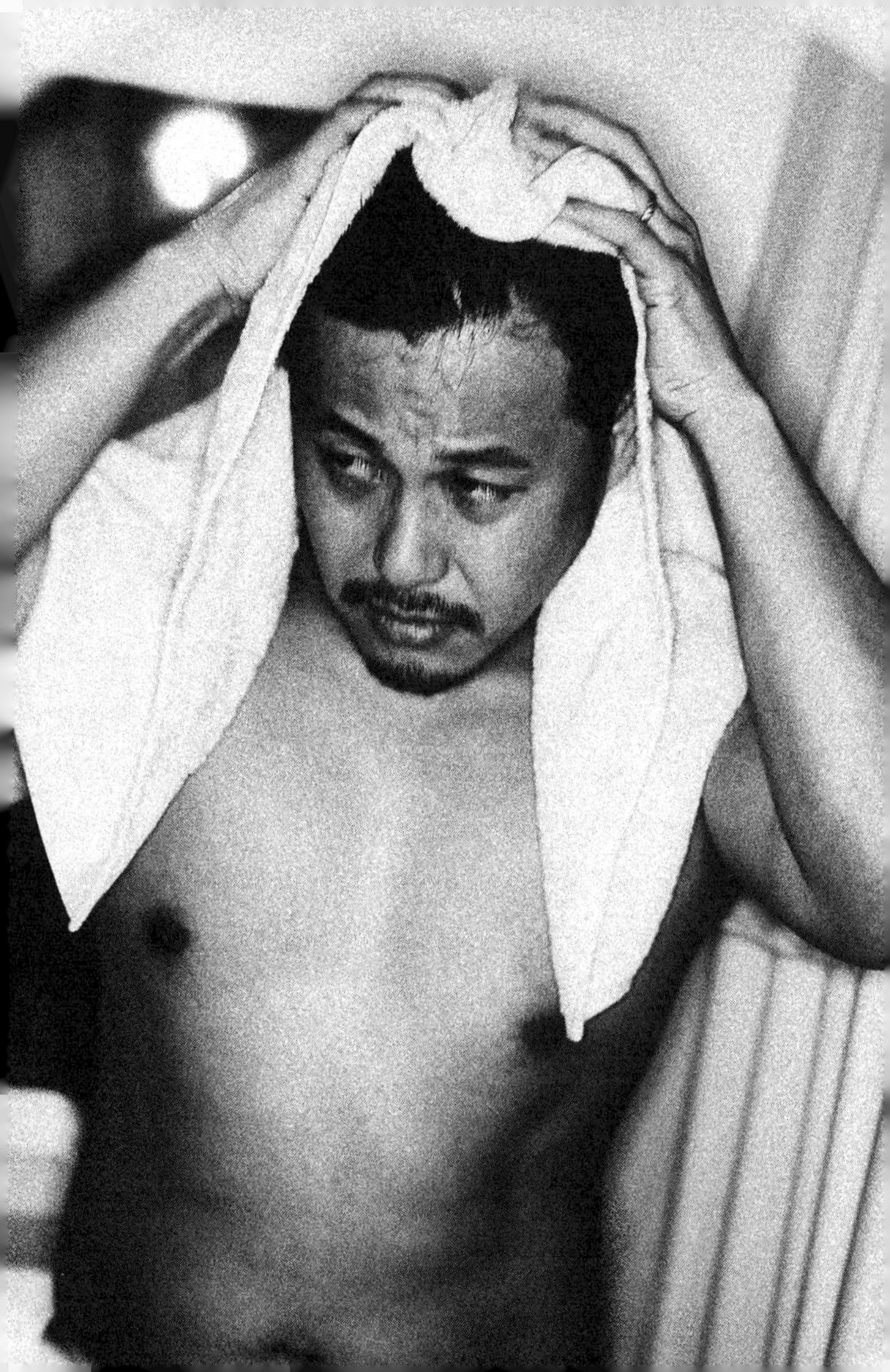

# 5章

# いつだって〝これが最後〟と思って抱いている

# 前戯こそが本番

セックスレスに悩む夫婦は多いだろう。かつてはメールの返信が届いただけで呼吸が乱れ、胸が高鳴った相手であったはず。それが今では億劫になるどころか触れたいとすら思わなくなってしまう。

セックスレスになってしまうそもそものきっかけは、男性側が勝手に背負うプレッシャーからであることが多い。

「相手を絶頂に導かなければならない」

「鷹先生と同じ指の動きを」

物心ついた頃から脳が腫れるまでAVを見尽くしてきた我々男性は、「テクニシャンでなければならない」という勝手な重圧で潰れてしまうのだ。

思い通りにならないもどかしさ、そこからくる自信の欠落。いつの間にか情熱は冷め、コミュニケーションは徐々に怠惰になり、当然相手の反応も悪くなっていく。まるでバラエティで失敗するときの僕の立ち回りだ。頭でっかちに考えすぎた結果、全てが悪いほうに転がってしまう。

では女性の望むセックスとはどういったものか。僕は男性ではあるが、乙女のハートも持ち合わせているので決めつけさせてもらう。そもそもセックスなど、男性が思い描くセックスである必要がないのだ。

「ただ抱き合って頭を撫でるうち、あまりの心地よさに二人で寝入ってしまった」

これでも立派なセックスだ。

「指を絡め合い、お互いがいかに大切な存在であるかを伝え合った」

こんなもんめちゃくちゃセックスだ。

「足を絡め合いながら、おでこにキスをし合った」

セックスが過ぎて気が遠くなる。

僕らは性処理とセックスを混同して考えてしまう。前戯だと思っている戯《たわむれ》こそが、実は本番なのだ。挿入など後戯であり、言ってしまえばついでのもの。メインはそこじゃない。

「僕にとって貴女がどれだけ必要な存在か」。相手に伝えるのはこれだけだ。この想いが伝われば、極論はセックスをする必要すらない。技術をひけらかすでも、タイミングを見計らうでもなく、想いが高まりあって強く抱き締め合ったらいつの間にか入ってた。それこそが理想だし、そうであるべきなんだ。

出し入れしなきゃいけないという固定観念が、セックスを本質から遠ざけてしまっている。まずはその雑念をティッシュで拭き取り、丸めて捨てるところから始めよう。

テクニカルであろうとする意識の分は、愛情を伝える表現に回せばいい。女性はそれらを受け止め、実感し、結果としてそれが最上のテクニックになるのだから。

## ただの両想いじゃなく〝依存の両想い〟だ

僕の身体が平均よりも少し大きいのは、真由美の全てを包み込むためだ。身長の高い真由美をしっくり受け止めるには、これくらいの体格が必要だった。そうした役割を持って僕は生まれてきたのだ。

別に何をするでもない。昼の空き時間を持て余し、ベッドに横になっていると、洗濯物を干し終えた真由美が僕の胸元と腕の間にストンと入ってきた。ブラインドを閉めて何気ない世間話をしていると、どちらからともなく微睡《まどろ》み始める。

たったこれだけだ。

これだけのことで僕らは自他の境界線を見失い、全ての感覚がとろけ出す。自分が何なのか、ここがどこなのか判別がつかなくなり、自我を保つためだけに、時折目を開け、真由美の頭を撫でる。すべてを享受し、すべてを捨て去り、このまま肉体も精神も溶け合って消えてもいい。心からそう思う。ほかでは得られない、とてつもない快楽だ。なんの準備も手間もいらない。持ち寄っているのは「どれだけ互いを必要としているか」、その感情のみ。

ただの両想いじゃない。〝依存の両想い〟だ。爽やかな恋愛観と、おどろおどろしい粘着質な情念が混ざり合い、計測機を振り切る効能の媚薬となって脳内を侵す。腰を振る必要などない。そうした行為で得られる悦びとは種類が違う。目ではなく脳の奥底でこの風景を眺めている。驚くほどに明るくて、吸い込まれそうなほどに暗い。おそらくこのときの僕たちは、宇宙の始まりと終わりを見ている。

時折思う。僕ら夫婦をつなぎ留めているのは本当に愛なのかと。こうした快楽の禁断症状として、離れられないだけではないかと。だけどそれでもいい。この時間の概念すらも消えた浮遊感の中で、誰にも侵せない領域をいつまでもむさぼり続けていたい。

ふと、真由美が寝返りを打った。それに合わせ、もう一度右腕で肩を抱き直す。目元にかかった髪を指でかき上げてあげると、薄く目を開け、僕の視線に気づいて小さく笑う。

この場所が何千年前、何万年前から準備されていたのであろうという、ぼんやりとした感覚が、胸の奥で確信めいたものに変わる。そうでなければ説明のつかない現象ばかりがこの身に起きている。

小さな頭を胸元に引き寄せると、うっすらと石鹸のような香りがした。もう一度黒い点に引き寄せられるようにして目蓋が落ち——

かたちなく宙を漂っていた不規則な時間が、玄関のチャイムで瞬時に引き戻された。

「あ……私の化粧品かな」

だらしなく四方に散らばった髪を手で整え、少しよろけながら真由美が立ち上がる。ベッドサイドの時計を見ると、13時を少し回ったところだ。そろそろ僕も仕事に行く準備をしなくては。

固まった左肩を伸ばしながら体を起こすと、ブラインドから柔らかく差し込む光に目が滲んだ——

一言にまとめると、「夫婦で昼寝をした」。

# もし最後のキスがおざなりなものだったら

夫婦間の思いやりが希薄になるのは、自分の人生が有限であることを忘れながら生きているからだ。どんな人格者でも、どんな悪人でも、どれだけ金を持っていても、死は必ず等しく訪れる。

常日頃、自分の死を意識しながら生きることなどたまらないから、普段は意識しづらい場所に隠し置くように、脳ができているのだろう。僕はどちらかというと「まあいつか死ぬしな」と、わりとカジュアルに認識しながら生きてきた。それが達観した死生観なのかどうかはわからないが、「摂理だからしょうがない」と半ば開き直って過ごしてきた。真由美と出会うまでは。

真由美と結婚し、子供が二人生まれると、僕は死ぬのが心底、恐ろしくなってしまった。痛みや死後の行方が恐ろしいのではなく、家族と過ごしていくなかでの全ての触れ合いに、確実に「人生最後の一回」があることが悲しくてたまらないのだ。

家族揃って食卓を囲むこと。息子の頭を撫でること。娘を肩車してあげること。夫婦でシャインマスカットを食べながら、Ｎｅｔｆｌｉｘを鑑賞すること。何げない日常のあらゆるものに最後の一回があり、それがいつ訪れるのかは誰にもわからない。

「もう妻を女としては見られない」「触れたいとも思えない」。他人の夫婦関係がどうであろうと、それは自由だ。胡散臭いアドバイスを送ることはできるが、もちろんその内側にまで僕は踏み込めない。

しかし、もしも夫婦間で取れるコミュニケーションが人生で最後の一回だとわかっていたら、貴方はそれでも同じ言葉で奥さんをこき下ろして終わりにできるだろうか。しつこいようだが、これはフィクションでもなんでもなく、いつか確実に訪れることなのだ。

真由美と抱き合うとき、僕は全てが満たされる。そしてこれが無限ではないことを強く意識する。抱き合える喜びが悲壮感を超えるから寂しくはないが、これが最後の一回だったとしても後悔しないよう、愛情の全てを両腕に込める。

もし夫婦間での最後の会話が罵り合いだったら。もし最後のキスがおざなりなものだったら。想像して、今ほんの少しでも胸がザラついたのであれば、それは貴方が奥さんを深く愛している何よりの証拠だ。

ぞんざいを恐れよ。代わり映えのない日常を喜べ。そして、いずれ訪れる最後に備えよ。愛に終わりはないが、愛を示せる機会には制限がある。

## マンネリを切り裂く、ときめきの剣をにぎれ

夫婦のマンネリが一向に訪れない。訪れないどころか、最近では「普通の軽く触れ合うキスがいちばん官能的なのではないか」という境地にたどり着いてしまった。戯れ半分に頬と頬をピタッとくっつけたとき、意図せずふと指先が触れ合うとき、

そんな瞬間がいちばんセンシュアルだ。

真由美との距離感が近すぎて、あらゆる感覚が12周ほど回り、また1周目に戻った。マンネリもどこかの周回に潜んでいたのかもしれないが、真由美を見つめすぎて、つい気づかずに追い越してしまった。しかし、ほとんどの夫婦はこのマンネリを背負ってしまうのだろう。

僕はイマジネーション原理主義者なので、ほとんどAVは見ない。が、逆に今は『全員着衣でかわいいキスだけ120分スペシャル』なんかが出たら話は別だ。真由美への収まらぬときめきがフェティシズムをも刺激し、原点回帰現象を起こしている。

僕らは大人になるにつれ、さまざまなことを経験し、さまざまなものを手に入れる。しかしふと振り返ったとき、得たものよりも失ったものの大きさにハッとする。それは数々の小さなときめきだ。

幼稚園バスのお迎え担当が好きな先生だったとき。体育のお片付け係になり、気になるあの子とマットを運んだ日の用具室のにおい。授業中に回されてきた、器用に折られた小さな手紙。

全てが些細な、取るに足らない出来事だろう。けれども胸がキュッと締まり、これらのときめきの原点が、忘れてはいけない大切な感傷であることを教えてくれる。

夫婦間にも同じことが言えないだろうか。

文章を何度も書き直した最初のメール。デートプランにこだわりすぎて『じゃらん』をボロボロになるまで読み込み、結局、現地まで下見に行ったあの日。初めて彼女を家に迎える前日、念入りに調節した間接照明の角度。

それらの小さなときめきは今現在の二人と陸続きであるはずなのに、いつからか薄まり、消え去ってしまう。マンネリとは勝手に訪れるものではなく、ときめきの記憶と引き換えに自ら引き寄せてしまうものなのだ。

夫婦間のマンネリを打破するために必要なのは、過激なプレイじゃない。もっと官能的で、ある意味では卒倒するほどに刺激的な、ときめきへの回帰だ。僕と一緒にあの日の小さなときめきに立ち返り、マンネリを溶かしてみないか?

二人並んで街を歩いているとき、小指が擦れ合った瞬間に手をつなぐ。

隣り合ってテレビを見ているとき、急に抱き寄せておでこへのキス。

台所仕事の最中に後ろから包み込んで耳元で「大好きだよ」と囁く。

奥さんからの「イヤだもう」「バッカじゃないの」が引き出せたなら、その尻尾をつかんで決して離してはいけない。それこそがマンネリを切り裂く、ときめきの剣だ。

同じ道の2周目をたどるにせよ、今度は景色が違って見えるだろう。それじゃあ13周目で待ってるぜ。

## 「所帯じみた」んじゃない、「所帯じみることができた」のだ

家でだらしなく寛《くつろ》ぐ真由美が、どうしようもなく好きだ。着古してボロボロになったワンピースの部屋着。ボサボサの髪の毛を安っぽいクリップで束ね、ソファで足を投げ出して横になっている。

「あつ森でカブ買わなきゃいけないんだ」

そう言って大あくびをしながらゲームに興じ、大抵そのまま惰眠をむさぼる。口を半開きにして寝息を立てるそんな姿には、ノラ・ジョーンズのBGMがよく似合う。物音を立てぬよう、僕は静かに紅茶を淹れて、真由美が起きるまでの一時を、隣でのんびり過ごす。

世間の夫は、妻のこうした所帯じみた姿で「もう女として見れなくなった」と気

持ちが離れてしまうらしい。何故だ。何故この特別な景色を慈しめないのだろう。

女性は着飾る生き物だ。どんな行先でも、どんな相手に会うにしても、どんな予定だろうと、美しくあるために着飾り、紅を引く。たとえ近所のスーパーに行くだけでも、力を抜いているように見せて、実は絶妙に抜いていない。

あまりにもスッピンが過ぎるときには眼鏡をかけるし、パジャマでコンビニに出かけるにしても、それは一軍のパジャマであり、三軍のガチパジャマでは出歩かない。それほどまでに女性は常に、少しでも美しくあろうと努めるものだ。

そんな女性が、宇宙でたった一人にだけ、着飾り具合が全くゼロの、完全にくだけた姿を見せてくれる。その相手が、我々夫なのだ。なんと貴重で、なんと愛おしい姿であろうか。

時折、完全に気を抜いた状態でゴミ捨てに出てきた奥様と遭遇することがある。そんなとき、僕はつい目を逸らせてしまう。こちらにとってのそれは、裸以上に裸の状態だ。直視を避けるのは奥様のためにというよりも、そのご主人に対してのエチケットだ。

20代の頃、真由美と悪ふざけ半分で過去の恋愛を報告し合った。もちろん嫉妬心を覚えたし、いまだに胸がチリつくこともある。しかしそれは楽しいデートに対してでも、優しく髪を撫でられたであろう甘い夜に対してでもない。気を許した真由美が、寝癖だらけの髪でだらしなく部屋でゴロついていたのかと考えると、心臓を炎で炙られるような思いになるのだ。

あくまで想像上の映像ではあるが、こうした見地で苦しめる僕は、本当に真由美が好きなんだなと実感したものだ。

化粧を施したよそゆきの顔も、もちろん好きだ。でも風呂上がりで眉が薄れ、テロンとしたスッピンの真由美を、何よりも愛している。

どこかの財閥が大金を積んでも見ることのできない姿を、僕らは毎日独占している。貴方がこれまで、苦々しい思いで見てきたその姿こそ、実は最高のドレスアップなのではないだろうか。

どうかその姿を「所帯じみた」などと後ろ向きに捉えないでほしい。貴方たち夫婦は、長く連れ添った時間の中で「所帯じみることができた」選ばれしカップルなのだから。

## 実直な男は、貴女が作る

男性の移り気の多さ、飽き性ばかりをフォーカスしてしまったが、ここで女性の感性にも大きな矛盾が孕んでいることを指摘したい。

「自分だけを見ていてほしい」

「実直な男性がどこにもいない」

女性は散々こうした言葉を並べ立て、大袈裟に嘆いてみせる。だが待ってくれ。そうは言いつつも、貴女たちは結局「誰がどう見ても遊び人だろうが」という男についていってしまうではないか。

「でも内面はきちんとしてるし」

「チャラそうだけど話してみたら純粋な人で、そこに惹かれた」

こう返されるのも想定内だ。

そもそも純粋な男が、スキニーデニムをブーツインするわけがない。あんなに謎の鋲が打ち込まれたレザーバッグを使う人間が、生涯一人の女性だけを見つめ続けるだろうか？　答えは圧倒的な否だ。

供給量というものは、需要の大小で変動する。本当に実直な男性がモテる時代であるならば、この世は実直な男性であふれ返るだろう。実直な男性を「つまらなそうな男」と排斥し、軽薄な男性で街をあふれさせているのはほかでもない、貴女たち自身の仕業なのだ。

「若い頃は遊ぶけど、結婚となったら誠実な人を見つけるし」

こんな愚かな計画で身を潰す女性も多い。どうして貴重種である誠実な男性が、尻軽な残り香の漂う女性を受け入れようか。〝実直〟を手に入れるための絶対条件は、自身も〝実直〟であることなのだ。

深く猛省をしていただいたところで、ここで一つ気をつけてほしい事案がある。最近はギラつき系のみならず、〝塩顔系遊び人〟が暗躍し始めているのだ。奴らは実直そうな雰囲気を醸し出す白い悪魔である。タチの悪いことに親受けもいい。

マッシュだかサコッシュだかの髪でキメ、テロテロ素材のカーディガンを浅く羽織る。

「今、何が流行っていて、どう振る舞えば女性が寄ってくるか」。そんな計算の上に成り立ち、塩系男子として〝変身〟した男が、実直であるはずがない。

そして恐ろしいのが奴らの決め台詞。

「性欲とかあんまりないんだよねえ」

誰も何も聞いてないのにこんなことを語りだすヤツは、性欲の権化に決まっている。爽やかな笑顔を振り撒きながら女性を泣かせるそのさまは、まさにソルト・デビルだ。

塩系にも実直な人間はもちろんいるだろう。しかしそうした天然塩と、意図して塩系になろうと画策した人工的な精製塩には、大きな隔たりがある。

本当に実直な男性は、流行に対して鈍感であり無関心だ。女性とは「出会い、愛し合う」ものであり「流行り物で身を包んで引き寄せるもの」とは考えていないのだから。

日本における「いい男」の基準を変えるのは、まずは女性からだ。最低限のラインとして「いかにひとりの女性に尽くせるか」という条件を高く掲げる必要がある。顔かたちや収入といったこれまでの条件を降格させてまでも、本当に実直を求めているのであれば、だ。

イタリアやスペインのようなラテン系の文化圏では、自分の妻や交際相手を情熱的に愛することが、一つの文化として根付いているように見える。それがたとえポーズだったとしても、「誠実こそが美徳」という価値観の底上げにはつながっているだろう。

「可愛い」が作れるのであれば、「いい男」も作れる。実直な男性とは、見つけるものではなく、作り上げる時代なのかもしれない。

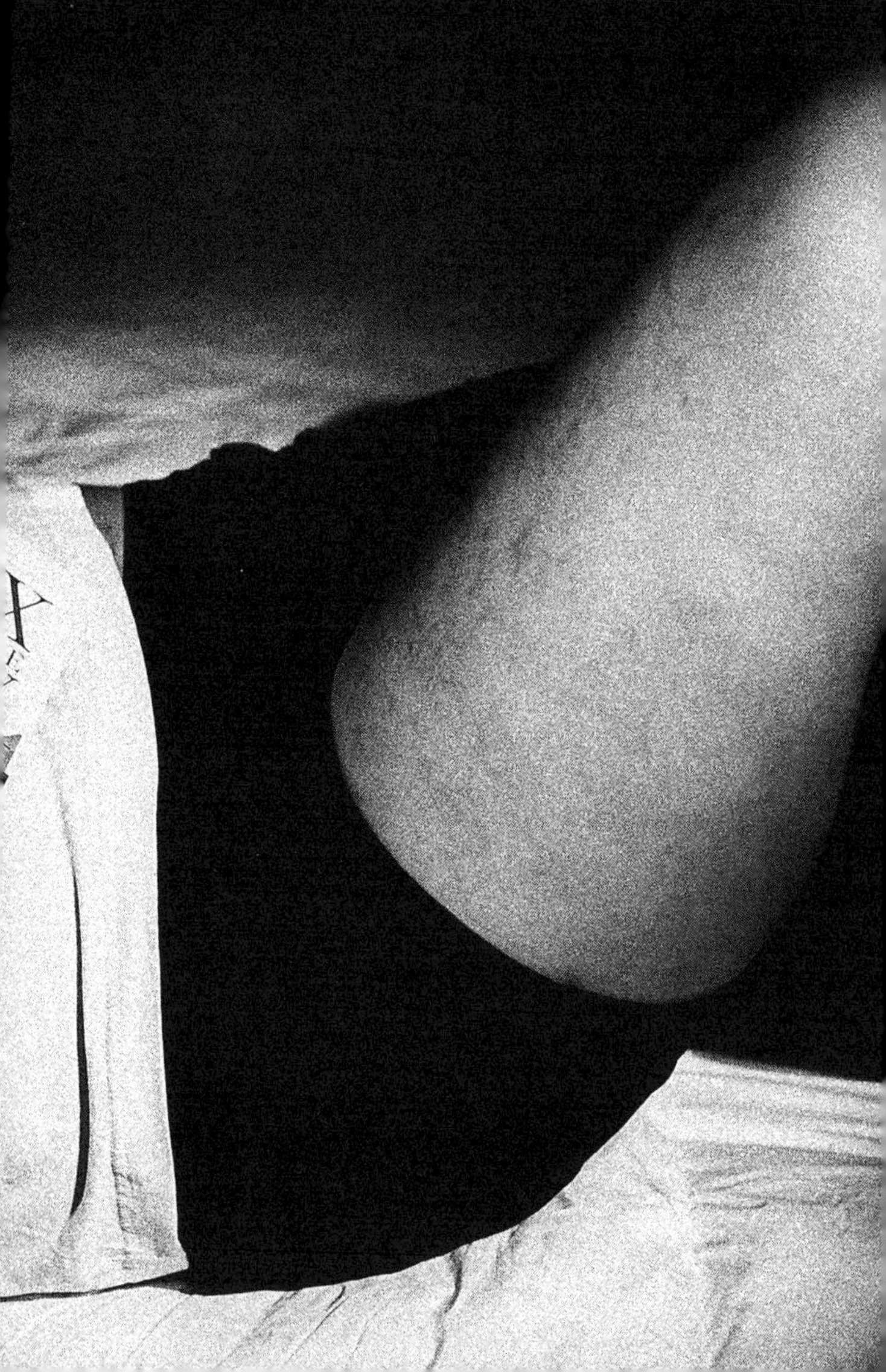

SEX AND THE CITY
NEW YORK TIMES BESTSELLING AUTHOR OF LIPSTICK JUNGLE
Candace Bushnell

# 5章

# 今日も嫁を口説こうか

## 「飽きた」なんて傲慢、一日として同じ顔をしてる女などいない

夫婦間の悩みで定番なのが「生活を共にするなかで、相手に飽きてしまった」というものだ。

飽きるという感覚は「相手の全てを知り尽くした」「全てが自分のものになった」という錯覚からくる、これ以上にない傲慢な思い込みだ。そもそも一日たりとも同じ顔をしている女性などいない。

七変化どころの話ではない。日替わりどころか、なんなら分単位で変化していく。どれだけ掘っても掘っても掘り尽くせない。それが女だ。それを「飽きた」などと豪語してしまうのは、そうした秘めた側面を見せてもらえないことへの言い訳、その変化についていけない事実から自分を守る保険でしかない。

奥様が電話応対するときの声を思い出すといい。自分と話すとき。子供の担任の

先生の場合。地元の友人。宅配業者。おそらく相手によりけりで無限に声色を使い分けているのではないだろうか。

表情もそれと同じこと。自分が認識している表情がその人間の全てであろうはずがない。本当にごくごく一部なのだ。

僕はスーパーでの買い物中、食材を吟味する妻をわざと離れた位置から眺めるのが好きだ。鶏肉を吟味する真由美。店員さんに質問する真由美。レジでクーポンが見つからず慌てる真由美。

スーパーという限られた空間ですら、その時々で全く異なる表情を見せている。僕がいないのに気づき、不穏な表情を浮かべ、店内を見回す真由美。そして僕を見つけ笑顔で手を振るその瞬間、僕がよく知る真由美の表情に戻る。これが僕のいない外でともなれば、それはもう僕の知らない女性に等しい。

僕の携帯電話に登録されている真由美の名前は旧姓のままだ。電話がかかってくる度にその旧姓が表示され、「あくまでも僕らは他人なんだ」と緊張感が戻ることができるから。

僕らが普段目にし、「もう飽き飽きだ」などと思っている妻の顔など、ほんの数パーセント。まさに井の中の蛙状態。ジュディ・オングが「〜女は海」だと歌っているが、大海のごとく広く深い表情のそのほとんどを僕らは知らずに死んでいく。知り尽くせないものを飽きることなど、どうしてできようか。

## 「夫婦になる」ということは「老いていく姿を見せ合える、唯一の相手を選ぶ」こと

妻を差し置いて、若い女性に走ってしまう男性の多いことに驚く。そんな男たちは口を揃えてこう言う。「妻の容姿が老化によって衰え、異性として魅力を感じなくなった」と。

ここで僕は断言しよう。老いることで容姿が衰えることなどあり得ない。むしろ連れ添った長さに比例し、老化は愛しさに変わるのだ。

真由美も40歳となり、体の衰えを嘆くボヤキをよく口にしている。だけど違う、

そうじゃない。目元や口元に走るシワは、一緒にどれだけ笑い合ったかの証し。髪に混じる白いものは長年僕を思い、案じた証し。可愛い下腹の膨らみは、記念日ごとに奮発して食べた焼肉やケーキの名残。

全ては共に生きてきた証しの数々。どれもが愛すべき夫婦の足跡であり、衰えなどであろうはずがない。

「夫婦になるということ」は「老いていく姿を見せ合える、唯一の相手を選ぶこと」でもある。こと女性という生き物においてその選択肢から選ばれた貴方は、とてつもなく特別な相手にほかならない。

どうかそれらを指でなぞりながら愛でてほしい。

「一緒に笑いすぎたね」

「いっぱい心配かけちゃったね」

「記念日いっぱいだね」

と。

そして最後は優しくスッと抱き寄せ、「一緒に年を重ねる相手に選んでくれてありがとう」と感謝を伝えてほしい。
さあ。貴方の目に、それらはまだ衰えに映るだろうか?

## 外でモテたいならば、まず嫁にモテよ

男はいくつになっても「モテたい」と足掻く。もちろん女性も同じだろうが、男の場合はそのベクトルが外へと強く向きすぎている。自身の家庭をないがしろにし、若さだけに執着してしまう。そこまでモテたいのであれば、まずは嫁にモテることが近道だ。嫁にモテている男性は、確実に外でもモテる。いちばん近くにいる女性にモテない男が、外でモテるはずがない。

ある程度大人になると、女性は男性の余裕の部分に惹かれ始める。無駄にがっつき、闇雲にギラつき、外で自分の妻をこき下ろす男など、惹かれるどころか嫌悪の対象以外の何ものでもない。

若い女性に広く浅くモテたいという考えは、オスが持ち合わせる本能だろう。外での火遊びに一過性の楽しさがあるのもわかる。ここで「わからない」などとカマトトぶってはいけない。しかし外に向けた本能に躍起になりすぎるさまは、あまりにもダンディじゃない。

本能でオスとメスとして選び合い、番いとなる。そこから一人のメスにいかに心血を注げるかというフェーズに移った瞬間、それは本能からダンディズムに変わる。野性味の次のステップには、ダンディズムがあるのだ。

僕は、こんな巨大里芋のような見てくれにもかかわらず、ほんの少しだけモテる。芸人として何の実績も持たず、残念ながらウィットにも富んでいない。ではなぜモテるのか。余裕だからだ。

僕には真由美という妻が、女性がいる。超絶対的な女性だ。真由美には今日もモテていたいし、明日もモテたい。時に、昨日はちゃんとモテていただろうかと不安にすらなる。そんな一生をかけて追い続けるべき女性が僕のことを強く愛してくれているという。これはすごいことだ。メディアで慌てふためく姿を度々見せてはいるが、実は人生という大きな基盤の上では、僕は圧倒的に余裕なのだ。

一人の女性をいかに深く愛せているか、そして愛されているか。外に目を向ける必要のない男の余裕。そこから滲み出るダンディズム。外でモテる必要のない所作だからこそ外でモテてしまうという、色気を孕んだ美しい矛盾。

さあ、一緒にモテなくても平気な男になって、モテてみないか。

## 愛のインフルエンサー

「夫婦仲良しキャラでメシが食いたいんだろう」。こうした噛みつかれ方をよくされる。

家庭の話をメシの種にするのが別に悪いことだとは思わない。しかし残念ながらメディアで需要があるのは愛妻家よりも鬼嫁話だ。鬼嫁エピソードは笑いにも共感にもつながりやすい。最後に泣ける話を放り込めば、フリが効いてる分、感動が5

倍にも10倍にも膨らむ。

実際に「鬼嫁エピソードはありませんか？」とのオファーは何度かあったが、全てお断りさせていただいた。だって本当にないから。

そもそも芸人に愛妻家というイメージがつくことはさほどプラスにならない。僕の能力不足の面はさておき、ヒールぶったってなりきれないし、どんなにトガったことを発言しても「どうせ」がついて回る。が、別にそれでも構わない。

芸人と聞くと、どこか荒々しい、ロックテイストなイメージがあると思う。そういった芸人に強い憧れを抱いていたが、そちら側の巧者はほかに山ほどおり、同じルートを登っていても僕じゃ上には登れまい。ならば家庭的でポジティブ・シンキングな方向から山を登ればいい。

過ぎたるものは全てボケになる。ならば仲良しすぎることもボケになり得る。本当に嫁への愛が振り切れているのだからこのままでいい。「芸人らしさ」を問われる側面もあるだろうが、40歳をすぎた今、変に取り繕う必要もないだろう。

それに、3章で書いたように、あまりにも悪すぎる世の中の結婚へのイメージを払拭したかった。「数年もしたら飽きる」「結婚生活は地獄だ」。もちろん相性はあるから、こう感じてしまう夫婦はいるだろうし、その結果、離婚という選択肢を選ぶことも責められない。

僕が耐えられないのは、本来仲良く過ごせていたはずの夫婦が、こうした勝手なイメージに呑み込まれてしまうことだ。

結婚というものは人生において大きなイベントだ。多くの人々を巻き込み、二人が一つの家族になる。それゆえに、夫婦の不仲は二人のみならず多くの大切な人を傷つけてしまう可能性があるのだ。

だからこそ僕は多くの人に伝えていきたい。結婚はこの世の楽園で、夫婦は一生の恋愛相手であることを。こうした感覚が世界中でスタンダードになり、僕の「仲良しボケ」が、ただの「結婚あるある」になることを願ってやまない。

愛のインフルエンサーに休息のときはない。

だから今日も僕は、嫁を口説き続ける。

# おわりに

真由美より先に逝きたい。

真由美はよく「祐くんより一日でも長生きしてあげる」と約束してくれる。「私が先に死んで、祐くんが路頭に迷ってる姿を見たくないから」と言う。

本当は映画『きみに読む物語』のように夫婦一緒に逝くのが理想らしい。僕も抱き合ったまま溶けるように死ねるんだったらそれが理想だ。

しかし現実にはどちらかが見送らないといけないのだろう。僕には真由美の最期を見送れる自信はない。

連れ合いに先立たれた旦那が腑抜けになるのは世の常だ。僕もそうなる確信があるし、そんな様子が容易に想像できる。そうした局面に陥ったとき、やはり男は弱い。女性の肝の据わり方には、結局、男性はかないっこないのだ。だから僕も先に死ぬことに同意する。

いつもその話をしたあと、真由美は「やっぱりそんなの嫌だ」と泣く。自分から提案してきて、勝手に泣き始める。可愛い。

自分が死ぬときは、誰にも見つからないところでひっそり死にたいという願望がある。真由美の前で死に顔までカッコつけられるのならいいが、意図していない間抜けな表情を見られるくらいなら、猫のように姿をくらませたい。どこかでひっそりと息絶え、綺麗に整えてもらったうえで真由美に会いたい。寄り目とかで死んで噴き出されたくない。

それまではずっと、おばあちゃんになっていく真由美を見ていたい。ヨレヨレのヨボヨボになったのを。二人してシワだらけになった顔を見合い、そこまで一緒に連れ添えたことを静かに喜び合いたい。真由美とともに歩んでいく歴史の中、オリジナリティに富んだ愛の言葉を表現し続けたい。急がないと、どんどんアーティストにバリエーションを取られていく。

そうして年を取って死んで、生まれ変わってまた巡り合う。記憶が消えても、姿かたちが変わっていても出会いたい。もしかしたら僕という魂は、永遠に真由美を渡り歩いているのかもしれない。これまでの過去も、これから先もずっと。
「生まれ変わったら、またお互いを探し合おうね」とよく話す。「じゃあそのときのサインはこれね」と。偽物が現れると困るので、そのサインは永遠に二人だけの秘密だ。

哲学者ソクラテスは言った。
「ぜひ結婚しなさい。よい妻を持てば幸せになれる。悪い妻を持てば私のように哲学者になれる」

ならば僕はこう返そう。

私は良い妻を持ち、愛の哲学者となった。

# おわりにのそのあとで

「ご夫婦のお話、あれってどこまで本当なんですか？」

これまで何度も何度もこう聞かれてきた。収録前の前室で、番組の打ち上げの席で。共演者やプロデューサー、「ご夫婦の話をぜひ」とキャスティングしてくれたディレクターまで半信半疑だ。路上でファンの方に問われることも少なくない。そのたびに僕は必ずこう答えてきた。

「むしろ放送用に少し下げてお伝えしています」

そう伝えると相手は驚いて「うへえっ」と大袈裟にのけぞる。愛のカウンターパンチはいつだって脳を揺らす。

本書を上梓して3年弱。最近では早朝や昼帯の番組に出させていただく機会が多くなった。これまではラジオとテレ東の深夜帯ばかりだったので、白い朝日と華やかなセットの眩しさに目を細めながら手探りで四苦八苦している。

そしてこうもなると、自然と家族関連の話を求められることがこれまで以上に増えてくる。妻のこと、子供のこと。家庭の専門家ではないが、僕なりに実直に答えているつもりだ。

そうした中で、どうしてもついて回るのが〝愛妻家〟という言葉である。ポジティブな意味合いでそう言っていただいているのは承知しているのだが、この言葉にはどうしても違和感がある。そんなふうに言われるたびに僕は強く否定し、訂正し続けてきた。

何度でも言おう。僕は決して愛妻家ではない。良き夫でも、子供たちにとって良き父でもない。謙遜でもなんでもない、なぜなら僕と妻はいまだに恋愛関係が続いているだけだから。

本編でも書いたように、高校生の付き合って2カ月の感覚。あの青い感覚が絶えないだけなのだ。これが19年間続いていることが他人からするとにわかに信じがたく、冒頭の「どこまで本当?」につながるのであろう。

こうした感情に関しても「最高じゃないですか、羨ましい」とよく言われる。が、恋愛対象であるゆえの弊害も多い。

どうでもいいような一言に引っ掛かって小競り合いをしたり、自分が与えた分の見返りだって求めてしまう。それが叶わないと「自分は好かれていないんだ」とふてくされる。そこにはどっしりと構える大黒柱としての存在も、穏やかで大きな父親の背中も存在しない。幼いカップルの同棲と大差ないのだ。

愛の深さは諸刃の剣だ。あまりにも鋭利に研ぎすぎると、触れただけで相手を傷つけてしまうこともある。もしかすると結婚後に男女としての感覚が薄まっていくのは、穏やかな老後を迎えるために本能が生み出した優れたシステムなのかもしれない。もはや自分自身で書いたはずのこの本への全否定の理屈だ。偉そうな言葉を並べながらも、僕もみなさんと全く同じ、愛の淵で足掻《あが》く者なのだ。

そんな足掻く者の近況だが、いつだったか鼻毛に白いものを発見した。頭髪が黒々としている僕にとって、これはなかなかショッキングな出来事だった。そういえばダイエットをしても下腹が引っ込まなくなったし、腰や膝も慢性的に痛む。肉体が中年を飛び級し、初老へと差し掛かろうとしていることを強く感じ取った。大袈裟ではなく「自分の人生にも制限があるのだ」と実感した瞬間だった。

それ以降だろうか。これまでと違い、気の進まない仕事には少しばかり難色を示すようになった。人生は短い。その中でより意味深く、意義深いことに触れていたいと考えるようになったのだ。

仕事をこなしつつ、捻出した時間で僕がいちばんにやりたいこと。それは妻の夢を一つでも多く叶えることだ。僕の人生は妻の夢を叶えるためにある。白髪鼻毛を発見した日からこうした感覚は今までよりも強まり、その夢のために生き急ぐようになった。

家族で横浜を散歩中、妻が大型のバイクを見て「パパがこんなの乗れたら楽しそうだね」とポツリとつぶやけば、仕事の合間を縫って、家族に内緒で中型・大型免許を取得した。

小さいながらも家を建てた。結婚前から「星を見上げるのが好きだから、小さくていいから屋上のある家に住むのが夢」と聞かされていた。妻の実家のすぐ近くに手頃な土地が出たタイミングで、どうにでもなれという思いで買い求めた。「小さくていいから」との言葉通り、いわゆる都心でよく見る狭小住宅だ。クルマを一台停めたらパツパツになる車庫、体を斜めにひねらないと入れない収納スペース、「冷蔵庫が運べません」と言われた狭い階段。

それでも僕には分不相応で、79歳までのローンを余儀なくされた。もちろんバイクの購入はあきらめた。スラロームで派手に転びながらようやく取得した免許だったが仕方ない。

間取りのバランスに苦労しながら、妻の夢である屋上を設けた。猫の額ほどの、という表現がぴったりな、アウトドアのリクライニングチェアを2つも並べればいっぱいのサイズ感だ。

それまでの家にはあった僕の仕事部屋も、新居にはない。廊下横に小さく空いたスペースは、これまた妻が想いを寄せていたランドリールームを設《しつら》えた。今、日本中の主婦は〝乾太くん〟なる輩に恋をしているらしい。なあに、ネタ書きなど駅前の上島珈琲店まで出向けばいい。

つつましくも妻の夢を叶える良き夫に見えるだろうか。それも否定しよう、僕はただ妻の喜ぶ顔フェチなだけなのだ。嬉しいことがあると年がいもなく「わーい」と踊りだす、あの無邪気な姿が見れるのであれば、苦労も苦労と感じない。かつての僕は、若さを理由になどできぬほど妻を散々泣かせてきたし苦労をかけてきた。そんな妻をこれからの生涯で一度でも多く小躍りさせることが、僕の生きる意味そのものなのだ。

優しさでもなんでもない。人生の喜びがクルマいじりだという人もいるだろう。キャバクラ通いに魂を燃やす人もいる。それと同じだ、その対象が僕の場合は妻だっただけで、あくまでも自分自身の趣味なのだ。

「愛は無限だ」

こんな適当な文言が世に溢れかえるから、愛についてみんなのらりくらりと余裕を持って後回しにしてしまう。残念だが、愛は有限だ。それを表現できる肉体にも、時間にも限りがある。

思い返してほしい、あなたが後回しにしている物事を。友人と「いつか」と約束するも、永久に行かないバーベキュー。「そのうちに」と形から入り、今は埃をかぶっているゴルフバッグ。「いずれは」と考え、いつまでも実現しない両親との旅行。結局それらのほとんどが実行されずに立ち消えていく。

己の肉体がいつか朽ち果てると実感せずに僕らは生きている。否、そうした恐怖と向き合わないようにできているからこそ生きていけるのかもしれない。

この本も、もうすぐ終わりをむかえる。拙いあとがきまで読んでくださっているのだ、みなさんにも現在パートナーとの付き合い方に悩んでいる人が少なくないだろう。そんなみなさんにお願いがある。課題と言い換えてもいい。

この本を閉じたその日に、遅くとも翌日に。ほんの小さなことでも構わない、自分にとって大切な人のために何か一つ行動を起こしてほしい。

一輪の花を買って帰る。日頃の感謝を込めた一文を手紙に書いてみる。ご無沙汰だった映画に誘う。どんな形でも構わない。言葉だけではなく行動で、触れられるもので示してみてほしい。それは相手のためだけじゃない。あなた自身が愛を表現できる人になってほしいから。

愛は両面鏡だ。
己を映すし、相手を照らす。
お互いが向き合えたときに初めて、合わせ鏡となった愛は無限になる。

## 平子祐希
（ひらこ・ゆうき）

1978年12月4日、福島県生まれ。酒井健太とお笑いコンビ「アルコ&ピース」を結成。182cm、90kgオーバーの恵まれた体格のボケ担当。難解な言い回しでくどくど諭しボケるそのさまを、ファンは愛をもって「平子る」と呼ぶ。テレビはもちろん、コンビでパーソナリティを務めるTBSラジオ『D.C.GARAGE』の人気は圧倒的で、今や伝説。

マネージメント／府野竜也（株式会社 太田プロダクション）
写真／伊東祐輔
装幀／川谷康久
本文デザイン／趙葵花（川谷デザイン）
編集・構成／斎藤岬、佐藤弘和（扶桑社）
校正／小西義之
DTP／株式会社センターメディア

# 今日も嫁を口説こうか

発行日
2023年8月2日　初版第1刷発行

著者
平子祐希

発行者
小池英彦

発行所
株式会社 扶桑社

〒105-8070
東京都港区芝浦1-1-1　浜松町ビルディング
電話　03-6368-8870(編集)
03-6368-8891(郵便室)
www.fusosha.co.jp

印刷・製本
中央精版印刷株式会社

JASRAC　出　230630026-01


ISBN　978-4-594-09549-9